DAXUE SHENG

大学生

JIUYE ZHIDAO YU ZHISHANG PEIYANG

就业指导与职商培养

主编：邓 艳 汤燕妮 胡 楠

湖南大学出版社

图书在版编目(CIP)数据

大学生就业指导与职商培养/邓艳，汤燕妮，胡楠主编. —长沙：湖南大学出版社，2024.1(2025.1重印)
ISBN 978-7-5667-3440-2

Ⅰ.①大… Ⅱ.①邓… ②汤… ③胡… Ⅲ.①大学生—职业选择—高等学校—教材 Ⅳ.①G647.38

中国国家版本馆CIP数据核字(2024)第024243号

大学生就业指导与职商培养

DAXUESHENG JIUYE ZHIDAO YU ZHISHANG PEIYANG

主　　编：邓　艳　汤燕妮　胡　楠
责任编辑：李　婷
印　　装：长沙鸿和印务有限公司
开　　本：787 mm×1092 mm　1/16　**印　　张**：14.25　**字　　数**：283千字
版　　次：2024年1月第1版　**印　　次**：2025年1月第2次印刷
书　　号：ISBN 978-7-5667-3440-2
定　　价：46.00元

出 版 人：李文邦
出版发行：湖南大学出版社
社　　址：湖南·长沙·岳麓山　**邮　　编**：410082
电　　话：0731—88822559(营销部)，88821343(编辑室)，88821006(出版部)
传　　真：0731—88822264(总编室)
网　　址：http://press.hnu.edu.cn
电子邮箱：531764257@qq.com

前 言

PREFACE

高校毕业生是国家宝贵的人才资源。为深入学习贯彻习近平新时代中国特色社会主义思想和党的二十大精神，全面落实党中央、国务院对高校毕业生就业创业工作的决策部署，教育部决定实施“2024 届全国普通高校毕业生就业创业促进行动”，进一步完善高校毕业生就业创业服务体系，全力促进高校毕业生高质量充分就业。要求把高校毕业生就业工作摆在更加突出的位置，大力开拓市场化社会化就业渠道，充分发挥政策性岗位吸纳作用，推进构建高质量就业指导服务体系，加强重点群体就业帮扶，完善就业监测与评价反馈机制，加强组织保障。

结合当前社会状况和高校就业教育教学的要求，我们在编写本教材时，从内容上进行了针对性的调整，分析了就业形势，重点强调社会转型给学生带来的就业机会，强调行业、职业、岗位的用人要求，提出大学生在入职后要进行角色上的转变，这些都有助于学生更好地适应所从事的工作。

首先，开篇分析学生毕业后的各种出路，以便学生可以更清晰地进行选择。

其次，我们介绍产业、行业和企业的概念以及不同企业的招聘流程和要求，以便学生可以根据用人单位的招聘流程来准备应聘。

第三，在介绍“求职心理”时，我们着重强调了求职者应该具备的积极心态，避免负面的心理暗示。

第四，在介绍简历及面试的内容时，我们引入“以终为始”的概念，强调简历的内容是靠自己一步步实践出来的，低年级时就要对简历的素材进行积累，多多实践；淡化技巧在求职中的作用，强调诚信为本、脚踏实地的求职理念。

第五，针对学生入职后一时难以适应职场从而频繁跳槽的现象，我们会让毕业生先进行“职场适应规划”。针对企业反映的有部分毕业生职商不够的情况，我们也着重介绍了提升职商的方法，为大学生的职业发展奠定基础。

希望每位大学生认真地把握每一步选择，为成功的职业生涯打好基础！

编者

目录
CONTENTS

第一编 大学生就业指导

第一章 把握机遇…………………… 003

第一节 大学生就业现状分析………………………004

第二节 大学生毕业去向…………………………011

第二章 了解环境…………………… 018

第一节 产业………………………………………019

第二节 行业………………………………………020

第三节 国家机关、事业单位和企业的分类……022

第三章 求职心态…………………… 037

第一节 积极、自信、进取心态…………………038

第二节 平和、豁达心态…………………………041

第三节 感恩、执着心态…………………………042

第四章 求职行动 …………………………045

第一节 搜集求职信息 …………………………046

第二节 简历 …………………………051

第三节 求职信 …………………………058

第四节 大学生职业信用档案 …………………………063

第五章 求职礼仪 …………………………068

第一节 求职礼仪 …………………………069

第二节 求职礼仪的应用 …………………………071

第六章 面试与笔试 …………………………079

第一节 面试 …………………………080

第二节 笔试 …………………………097

第七章 离校程序 …………………………100

第一节 离校程序 …………………………101

第二节 相关法律解读 …………………………107

第三节 就业协议的签订 …………………………112

第二编 大学生职商培养

第八章 大学生培养职商的重要性 …………………………123

第一节 大学生提升职商的意义 …………………………125

第二节 制订职业规划，完成角色转变 …………………………143

第九章 大学生培养职商的内容 ………………………… 146
第一节 职业沟通能力………………………………… 147
第二节 团队协作能力………………………………… 155
第三节 解决问题能力………………………………… 161

附录一 ………………………………………………… 172
附录二 ………………………………………………… 177
附录三 ………………………………………………… 183
附录四 ………………………………………………… 185
附录五 ………………………………………………… 189
附录六 ………………………………………………… 196
附录七 ………………………………………………… 200
附录八 ………………………………………………… 202
附录九 ………………………………………………… 206
附录十 ………………………………………………… 212

第一编

大学生就业指导

第一章　把握机遇

学习目标

1. 了解我国的经济发展规模和速度对劳动力市场的需求。
2. 了解区域发展和产业调整给社会带来的机遇和挑战。
3. 了解大学生毕业后的四个基本去向。

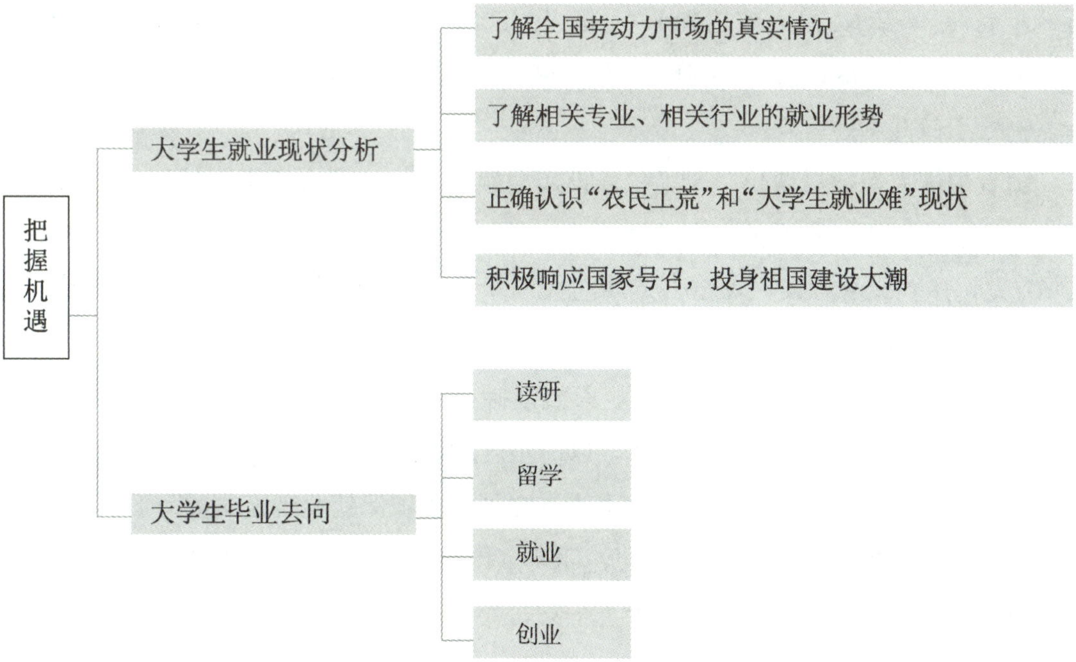

对即将毕业的大学生来说，虽然了解就业难的现状，但要保持积极乐观的心态，在社会发展、产业发展、区域发展的过程中，找到自己的机遇和位置。这就要求我们必须学会审时度势，把握机遇。

第一节　大学生就业现状分析

知己知彼是我们赢得每一场战役的前提。所以，在毕业前夕，在激烈的竞争面前，我们应该了解全国的就业形势，尤其是与自己专业相关、与自己兴趣相关的产业和行业的就业形势。

一、了解全国劳动力市场的真实情况

从劳动力总数来看，2014 年以来中国劳动力总数整体呈现下降趋势。2015 年为最近 8 年高峰，劳动力总人数达到 8.01 亿人。2021 年中国劳动力总人数为 7.80 亿人，较 2020 年减少约 368 万人，下降 0.5%。尽管劳动力总人数有小幅下降，从绝对数量看，仍处于较高水平。

随着中国人口数量增长、高等教育投入金额的增加以及大学不断扩招等原因，中国大学毕业生数量不断增长。2018 年中国大学毕业生人数超过 800 万人，2021 年超过 900 万人，达到 909 万人，较 2020 年增加 35 万人。根据教育部统计，2022 年中国高校毕业生达 1076 万人。

2016 至 2019 年中国城镇登记失业人数维持在 945 万至 982 万人之间。2020 年疫情暴发以来，中国城镇登记失业人数较以前年度显著增加，2020 年中国城镇登记失业人数达到 1160 万人。2021 年为 1040 万人，在国家各项保就业措施的帮助下较 2020 年减少 120 万人。我国“十三五”期间，GDP（国内生产总值）的平均增长率保持在 7%左右，可提供劳动岗位 4500 万个，平均每年 900 万个，就业岗位的绝对不足是不争的事实。就业形势十分严峻。

二、了解相关专业、相关行业的就业形势

大学生之所以与其他社会人士不同，是因为大学生掌握着一定的专业知识和技能，这是自己的优势所在。大学生如果能够在自己的专业领域范围内就业，就容易在

自己的职业生涯上有更好的发展。因此，同学们应该通过各种途径关注本专业所对应的各行业的就业形势以及发展趋势。这对自己在毕业前夕做出的就业选择有很大帮助。可以通过以下方式了解：

（1）对本专业的师兄师姐们进行访谈；

（2）找自己的专业老师了解本专业师兄师姐们近几年的毕业去向；

（3）在相关网站查询近几年本专业的就业趋势。

【知识小贴士】

从国家统计局发布的2021年全国平均工资来看，不管在城镇非私营单位还是私营单位，IT业薪酬水平均为最高。就业蓝皮书数据显示，应届毕业生在信息传输/软件和信息技术服务业就业月收入持续较高（2021届本科：6781元，高职：5023元），但2021届毕业生起薪涨幅（本科：5%，高职：4%）低于全国平均水平（本科：7%，高职：6%）。

2021届本科计算机类、高职铁道运输类专业月收入较高，分别为6886元、5280元，但是其起薪涨幅较小（较2020届的起薪涨幅分别为1%、3%）。本科食品科学与工程类、材料类、矿业类、电气类专业（较2020届的起薪涨幅分别为9.0%、8.8%、8.5%、8.0%），以及高职食品工业类、自动化类、通信类、农业类专业（较2020届的起薪涨幅分别为9.2%、8.3%、8.3%、8.0%）月收入增长较快。

得益于信息化时代的发展，多个信息技术相关本科专业连续绿牌，高职绿牌专业多与铁路交通相关。具体来看，本科信息安全、网络工程专业以及高职社会体育专业连续五年绿牌。其中，2022年本科就业绿牌专业包括信息安全、网络工程、信息工程、微电子科学与工程、数字媒体技术、能源与动力工程。高职就业绿牌专业包括铁道机车、铁道工程技术、铁道供电技术、社会体育、发电厂及电力系统、道路桥梁工程技术。

红牌专业与毕业生供需矛盾有关。本科的绘画、音乐表演、法学专业以及高职的语文教育、法律事务专业连续五年红牌。2022年本科就业红牌专业包括汉语国际教育、绘画、应用心理学、音乐表演、法学；高职就业红牌专业包括数学教育、小学教育、英语教育、语文教育、法律事务。

毕业生对母校的满意度稳步提升。从近五年的数据来看，本科毕业生对母校的满意度从2017届的93%上升到2021届的95%，其中“双一流”院校、地方本科院校

2021 届本科毕业生的母校满意度均为 95%；高职毕业生对母校的满意度从 2017 届的 90%上升到 2021 届的 93%，其中“双高”校 2021 届高职毕业生的母校满意度（95%）比非“双高”校（93%）高 2 个百分点。

我们要特别注意各地的人才发展规划，了解各地所需的紧缺人才类别，在不同地区的发展中寻找机会。

【小链接】

2022 年上海产业结构之六大未来产业

未来产业是指在经济体系中具有重要战略地位，能带动其他产业发展，对国民经济未来发展起引导作用，代表技术发展和产业升级方向的产业。上海的未来产业主要有光子芯片与器件产业、基因与细胞技术产业、类脑智能产业、新型海洋经济产业、氢能与储能产业和第六代移动通信产业。

其中，上海各区在各大未来产业发展上各有偏重，如崇明区依靠自身的地理优势和资源优势，优先发展新兴海洋经济产业；上海市区则重点发展低污染的高新技术产业如光子芯片与器件产业、类脑智能产业和氢能与储能产业；浦东新区则依靠自身的科创优势和区位优势，着重发展基因与细胞基础产业、类脑智能产业和新型海洋经济产业。

上海未来产业各区布局各有侧重，浦东新区就发展新型海洋经济进行了详细规划与布局。在未来产业规划布局上，上海各区也各有侧重。以新型海洋经济产业为例，宝山区重点发展邮轮配套产业；崇明区重点发展高端海洋装备产业以及滨海文旅产业；浦东新区则对海洋渔业、海洋交通运输业、海洋油气业、滨海旅游业、海洋船舶工业和海洋生物医药产业均有所规划与布局。

目前，大部分的未来产业仍未实现规模化商用，仍在实验和探索阶段。以第六代移动通信产业为例，虽然早在 2019 年 11 月，国家 6G 技术研发推进工作组和总体专家组已然成立，但目前我国的 6G 技术仍在孕育之中。虽然华为在上海的 6G 研发团队已经在 5G 商用之前开始了 6G 的研发布局，但距离 6G 产业的应用仍有较远的距离。据《6G 总体愿景与潜在关键技术》白皮书披露，6G 技术在 2030 年前后方能实现商用。

从上海各区域未来产业的重点产、学、研布局情况来看，氢能与储能产业的产学研单位主要集中在嘉定区，新型海洋经济产业的产学研单位主要集中在崇明区与浦东新区。

三、正确认识“农民工荒”和“大学生就业难”现状

近年来，全国尤其是东南沿海省份普遍出现一种“用工荒”的局面。这种“用工荒”、企业无法招收到工人的现象与大家感受到的大学生就业难的现状纠结在一起，构成我国劳动力市场的特殊风景。

不少企业为了招收农民工，大幅提高工资待遇。而同时，“零工资”就业仍然被某些大学毕业生作为可以接受的选择，大学生初次就业的薪酬不高也是普遍的现象。为此，有关媒体就农民工的高薪和大学生“低工资”“零工资”就业的现状向应届大学毕业生进行了调查，有的大学生非常坦然地看待这种现状，认为农民工所从事的工作一般都是较低技术层次、劳动量较大的工作，而这些农民工一般都有多年的从业经验，所以工资暂时高于大学生应该是合理的。但农民工的职业发展潜力是不够的；而大学生虽然有文凭，掌握了一定的知识和技能，但从整体来说，毕业时多数同学缺乏职业体验，对即将从事的工作往往没有经验，因此，工作经历是大学生短期内首先要考虑的。不少大学生表示，短期内（一般指三个月）没有工资或者工资偏低是可以接受的。应该说，大学生的这种心态还是可以理解的。大学生从事的岗位性质和职业发展潜力肯定远远高于农民工。

【小链接】

精准施策，加大对高校就业困难毕业生兜底帮扶力度
——关注重点群体 筑牢就业之基

就业是最大的民生工程、民心工程、根基工程。党中央高度重视高校毕业生就业，采取一系列政策措施。习近平总书记指出，要进一步挖掘岗位资源，做实做细就业指导服务，学校、企业和有关部门要抓好学生就业签约落实工作。

教育部指导各地各高校建立就业困难毕业生群体帮扶工作台账；2022 年离校未就业高校毕业生服务攻坚行动于 7 月至 12 月实施；各地各部门强化政策落实，确保工作不断档、服务不断线。

助力零就业家庭毕业生就业
一对一精准帮
手把手用心助

“8 月 4 日面试通过，应聘成功!”家住四川省南充市高坪区的曾某某，即将入职南充市生产力促进中心，对之后的工作充满期待。

曾某某毕业于四川师范大学金融数学专业。她的父亲去世早，母亲平时只能做些零碎的手工活，还要照顾上初中的弟弟，家庭负担较重。曾某某投了多份简历，渴望尽快找到工作。

“作为零就业家庭毕业生，曾某某这种情况是我们重点关注的。”辅导员王苗介绍，对这类毕业生，学校会持续推送岗位信息。

7 月下旬，接到老师推送的南充市生产力促进中心的招聘信息，曾某某立刻了解岗位情况：上班地点离家不远，方便照顾家人，工资待遇也不错！见曾某某兴趣浓厚，老师帮她修改完善了简历，并指导她做好了面试的充足准备。“有了老师的帮助，从投递简历到面试都非常顺利。”曾某某说。

今年以来，四川省教育系统实施重点群体毕业生“一人一档”“一人一策”精准服务。“要求各高校及时报送落实情况，真正帮助重点群体毕业生更好就业。”四川省教育厅高校学生工作处处长李浩介绍。

“我父母平常主要打打零工，家中经济压力比较大，一家人都盼望我能找份好工作。”河南大学新闻与传播学院毕业生郑少晶在 7 月入职中铁五局华南公司，“能够顺利入职，多亏学校的就业帮扶。”

河南大学就业创业指导中心依托教育部“宏志助航计划”，对零就业家庭等重点群体毕业生进行就业培训。“从个人能力提升、心理辅导、就业方向等 3 个方面进行辅导。”河南大学就业创业指导中心副主任马跃敏介绍，指导老师会一对一修改完善简历，量身定制就业计划。此外，河南大学还举办了 8 场宏志助航专场招聘会，210 余场各类相关招聘会，提供有效岗位 1300 多个。

河南省教育厅深入实施“宏志助航计划”，累计培训 1255 人；开展“互联网+就业指导”公益直播课、“空中教研室”等系列“云活动”，累计受益学生近 100 万人次。(来源：https://www.gov.cn/xinwen/2022—08/13/content_5705214.htm)

帮助有残疾的毕业生求职
拓宽就业渠道
强化岗位推送

8月6日，入职第一天，范同学很是兴奋。几天前，在四川省教育厅、省残联共同开展的2022届高校残疾人毕业生送岗上门活动中，范同学与一家快递公司顺利签约。

范同学肢体四级残疾，7月从西华大学汉语言文学专业毕业时，还没有找到工作。正发愁时，四川省残联的来电让范同学看到了希望。“我们这里有个工作机会，向你推荐，不知你有没有意向?”可经过详细沟通，工作地点却不太合适，范同学一度有些气馁。

不久，四川省残联又向她推荐了一家快递公司人事绩效方面的岗位。8月1日线上面试后，范同学很快收到了公司的录用通知。8月3日，用人单位代表和相关部门负责人一道，来到范同学家里，与她现场签订了聘用合同。“这个岗位，起薪3800元，还包食宿，上班也方便。”范同学说。

8月5日起，四川成都举办了成都市残疾人大学毕业生网络招聘会，采用“网络招聘会＋VR就业创业成果展＋线上直播带岗”的模式，方便有残疾的毕业生参与，并为毕业生提供新媒体策划、视频剪辑等岗位信息。

河南重点关注有残疾的高校毕业生就业工作，通过举办特殊群体就业技能培训、专场双选会等系列就业帮扶活动，持续帮助有残疾的高校毕业生就业。河南郑州专门制定就业帮扶计划，设置公益类就业岗位，还专门引入第三方参与有残疾的高校毕业生的岗前培训。（来源：https://www. gov. cn/xinwen/2022－08/13/content_5705214. htm）

协助离校未就业毕业生应聘
建立就业台账
全程跟随服务

6月份毕业后，河南大学历史文化学院硕士毕业生庞同学仍未确定就业意向。学院将他的信息登记进“未就业毕业生就业工作台账”，这个台账将跟踪记录毕业生的就业状态、就业意愿以及采取的点对点帮扶措施。

“我们每天会给未就业毕业生推送就业信息，每周会询问就业情况并及时更新台账。”学院肖老师表示，学院会对未落实就业的毕业生全程帮扶，直到学生签约。

河南各高校广泛建立未就业高校毕业生工作台账，多次举办公共就业服务专项活动。为帮助未就业毕业生就业，河南大学采取小规模、多站点、高频次的招聘方式，将校园招聘会开到不同的学院中，并利用暑假适时举办行业类、区域类专场招聘，提高招聘的针对性和有效性。

不久前，通过校内的“智慧就业”平台，就业创业指导中心的老师发现一家供电服务企业的招聘要求与庞同学的情况很匹配，就将信息推送给他。最终庞同学顺利通过了面试，目前已在该企业实习，正准备签约。

去年毕业于成都银杏酒店管理学院环境设计专业的刘同学，在今年 7 月份落实了工作，入职成都一家建筑设计公司，现在跟着公司团队熟悉 CAD 画图、进行 3D 建模和渲图……刘同学格外高兴。

此前，由于参加其他考试，刘同学一直没有落实工作。学校负责学生就业工作的罗老师一直与他保持着联系。“他学的是环境设计，装修类公司的岗位需求比较大，我们就不断搜集这方面信息向他推送。同时，我们也帮助他调整观念和心态，把握好工作机会。”罗老师说。可是因为工作地点或薪资待遇等原因，刘同学一直没有签约。直到今年 6 月初，罗老师将这家建筑设计公司的用人需求推荐给刘同学，很快就听到了他签约的好消息。

今年，四川省教育厅要求各高校要进一步摸清并报送离校两年内未就业毕业生信息，加大就业帮扶，助力尽早就业。“下一步，我们还要做好毕业生就业能力集中培训，帮助他们更好求职就业。”（来源：https://www.gov.cn/xinwen/2022－08/13/content_5705214.htm）

四、积极响应国家号召，投身祖国建设大潮

近几年来，国家采取了许多政策，帮助大学生就业，特别是针对国家发展需要的相关政策。为了平衡区域经济的发展，缩小东西部及城乡差距，建设现代化国防和现代化农村，国家推出了大学生参军、支援西部、支援农村（三支一扶）及大学生村官政策。这些政策得到了广大大学生的响应，也涌现出一大批优秀人物。

当然，广大青年学生在选择这些出路之前，必须端正自己的态度，正确认识参军、

去西部、去农村的目的和意义，了解这些生活与大学生活的差异，学习相关的工作方法，提升工作技能和对政策的理解水平，做好阶段性生涯规划，这样才能保证自己在选择的道路上一帆风顺！

第二节　大学生毕业去向

经过几年的学习，我们已经从一个个怀抱大学之梦而迈入大学校门的新生，成长为高年级大学生了。几年的时间，不管是在朦胧中度过的，还是在充实的学习生活中度过的，临近毕业的你在即将到来的毕业阶段，为自己选择了一条怎样的道路呢？是继续深造、就业还是创业呢？

在毕业前夕，了解可供选择的毕业去向是我们做好毕业准备的前提条件。每个人都要根据自己的优势和劣势、自己的需求和家庭的需求，结合自己的兴趣爱好、能力、特长对每一个去向做出自己的判断，选择最适合自己的去向并且有针对性地进行准备，这样才有助于自己在有限的时间内，选好自己想要的目标，并进行有效的准备，以实现自己的理想。

一、读研

读研究生是部分本科毕业生的主要选择之一。2022 年，报名参加研究生考试的人数达到 457 万人。说明当前大学生的就业压力影响到部分大学生的毕业出路选择。据了解，在某些学校的某些专业，考研的人数已经占该专业总人数的 70%，这种现象是值得我们反思和注意的。

选择走这条路的同学，应该端正自己的考研动机，千万不要因为躲避就业而选择考研。而在选择专业时，要改变本科报名时的那种迷茫，选好有利于自己发展的专业、学校和导师，为自己的职业发展奠定基础。具体地说，应该从大三开始，就要留意考研的相关信息，包括报名时间、报名条件、考试科目（包括统一考试的科目和专业科目）；准备报考的学校、专业和导师。最好还要了解所选专业未来的就业前景、薪酬待遇、准入标准等。

案例

有一次，在给学生做讲座前，我问一位大四学生毕业后的打算，他说我没什么打算，就是想先考研。我问他为什么考研，他的回答让我十分诧异，他说："我寝室里那些同学成绩还不如我，他们都考研，那我也去考，我不相信他们能考取而我不能。"你们觉得这位同学的这种考研动机对吗？

考研要经过报名、初试、调剂、复试、复试调剂、录取等过程。准备考研的同学应该对此有所了解。确定考研的同学，要关注当年考研的相关规定。比如时间、报名方式、相关专业的报名要求等。考试科目一般包括公共考试科目和专业考试科目。公共考试科目包括政治、外语和数学等，一般由全国统一命题，各地也有许多考研补习班。专业考试科目分专业基础和专业，一般由各校自主命题，所以考生在确定报考的学校、专业和导师以后，要从导师的学术著作和论文中去了解他的学术思想，这样才有利于提升自己的专业成绩。

二、留学

随着我国国民经济的高速发展，我国国民收入大幅度增加，留学也成为近年来较多同学的选择。选择出国留学的同学首先要准备的就是外语。外语的准备主要是指雅思、托福或者GRE的考试准备。其次，要对准备留学的国家和学校进行了解，根据这些学校和国家的要求准备出国材料（包括推荐信、毕业证明、无犯罪证明、出生证明等）。最后，要从资金、自我生活能力方面做些准备。不熟悉这些流程或者没有时间的同学，可以选择合法的中介帮助自己，虽然要花费一定的费用，但可以得到专业服务。

未来的发展趋势是国际融合越来越普遍。所以，作为未来社会的骨干力量的大学生应该具有国际视野。而获取国际视野的最好方法当然就是去国外生活或者工作。所以，有条件的同学可以把出国作为自己的毕业选择之一。

出国包括出国留学、出国工作，近年还推出了出国实习等。所以有此需求的同学可以关注每年在相关城市举办的大型出国说明会。

三、就业

就业分为自主性就业和政策性就业两大类。自主性就业是指大学生主动就业的行为，包括考公务员、事业单位，去外资企业、国有企业、民营企业就业等。政策性就业则是指国家为缓解大学生就业难而采取的一些鼓励大学生取得岗位的政策，如当村官、去西部、三支一扶、参军、基层就业等。另外还有一些人暂时没找到工作，或者暂时不想就业，称为延缓就业。

（一）自主性就业

1. 报考公务员

公务员考试是近几年来最热门的考试之一，打算报考公务员的同学应该时刻注意政策的变化。

案例

考生没看公告错过资格复审，公考笔试第一却无缘面试

“女儿5月初得知公务员考试笔试成绩第一名，13日被告知被取消了面试资格，原因是没看到公告，错过了复审时间。”许先生介绍，女儿许敏（化名）今年参加了全省公务员考试，报的是马鞍山当涂县的一个职位，5月初查询到笔试成绩以71.55分排名第一。不料13日晚在马鞍山人力资源和社会保障网公告栏“部分职位未参加资格复审情况”栏中，共有41人被取消资格，其中就包括许敏，另外还公布了递补参加资格复审人员名单。

据马鞍山人力资源和社会保障局负责公务员招考的一位潘姓工作人员说，该市今年3月份发布的招考公告中就明确称，将按程序和规定陆续在该市先锋网、人力资源和社会保障局网等网站公布招考公务员的笔试、现场资格复审、体能测试等各环节相关信息，报考人员应及时查询，而且这次从公布资格复审名单到现场复审有约一周时间，考生应有足够时间看到信息。

该人员说，该市今年共有400多人入围资格复审，11日复审后发现有41人未按规定时间来参加复审，都被取消资格。

此事件中的考生因未看到网站上公布的信息，而错过了资格复审，考生应负主要责任，这在招考公告中已经明确说明。（来源：中安在线）

2. 报考事业单位

事业单位是指国家为了社会公益目的，由国家机关举办或者其他组织利用国有资

产举办的，从事教育、科技、文化、卫生等活动的社会服务组织。由于工作性质的原因，事业单位也被广泛称为“铁饭碗”，因此，也受到大学毕业生热捧。但是，国家也已经吹响了事业单位改革的号角，改革的原则是编制“只减不增”，这对事业单位来说，增加了招聘的难度，也就是说，打算去事业单位就业的同学，要密切关注相关政策的调整，适时采取不同的对策。

3. 到企业就业

到企业就业是大多数同学的毕业选择。但企业有央企、国企、外企、合资企业、民企、个体企业等。不同的企业类型有不同的用工要求，也有不同的招聘流程，福利待遇和发展前景也不一样。比如，在大型企业是“一个萝卜一个坑”，可以学到规范性的流程，但局限是对其他岗位的要求不了解，晋级一般来说是论资排辈。而在中小企业，一个人往往从事多个岗位的工作，锻炼机会较多，提拔机会也较多。因此，每个人可以根据自己的条件和优势选择不同的企业去就业。

4. 报考选调生

选调生是各省、区、市组织部门有计划地从高等院校选调品学兼优的应届大学本科及以上的毕业生的简称，这些毕业生将直接进入地方基层党政部门工作，作为党政领导干部后备人选和县级以上党政机关高素质的工作人员人选进行重点培养。

选调生也是国家公务员。选调生考试实质上也等同于公务员考试，只是选拔的条件略有不同。选调生的报名条件更严格、门槛更高，如其报名条件除了须符合国家公务员的报名条件外，还要求是中共党员（含预备党员）、学生干部、校级以上三好学生、优秀学生干部、二等奖以上的优秀学生奖学金获得者、有志于从事党政工作、服从组织安排的本科及以上优秀毕业生。

【小链接】

选调生的报名条件

（1）思想政治素质好，拥护党的路线方针政策，具有坚定正确的政治方向和全心全意为人民服务的宗旨意识。

（2）事业心和责任感强，志愿到基层工作，勤奋敬业，乐于奉献。

（3）中共党员（含预备党员）。

（4）全国普通高校国家计划内统招、全日制大学本科以上学历的应届毕业生，学习成绩优良，具备授予学士以上学位条件。定向培养生、委托培养生以及网络学院、成人教育学院毕业生不列入选调范围。

(5) 有一定的组织协调能力和语言文字表达能力，担任班级以上学生干部一年以上，所任学生干部包括班委会、团支部成员，学生会、团总支（团委）成员，学生党支部成员，不包括各类学会、协会、研究会等学生社团负责人。

(6) 学习成绩优秀，基础知识扎实，能如期毕业并取得相应的学历学位证书。

(7) 本科生须是校级以上“三好学生”“优秀学生干部”或者二等奖以上“优秀学生奖学金”获得者，研究生须是校级以上“三好研究生”“优秀研究生干部”或者“研究生优秀奖学金”获得者。

(8) 本科生一般不超过 24 周岁，硕士研究生一般不超过 27 周岁，博士研究生一般不超过 30 周岁。

(9) 身体心理健康，能适应基层工作需要。

这里要提醒大家注意的是公务员和选调生的区别（见表 1-1）。

表 1-1　公务员与选调生的区别

对比内容	公务员	选调生
组织单位不同	政府人事部门	各级党委组织部门
所属管理机构不同	隶属各级政府	隶属各级党政机关
招生对象不同	年龄在 18～35 岁符合职位要求、身体健康的考生	列入统招计划的应届本科及以上毕业的中共党员、优秀学生班干部、校级以上三好学生、二等奖以上的优秀学生奖学金获得者
适用方式不同	按需招考，在通过笔试、面试或者专业技术考试，并经体检、政审后被录用直接进入所报考单位工作，职业定为普通科员	按计划招考，在通过笔试、面试或者专业考试被录取后，由党委组织部分配到各地基层单位实习（学习），并按照学历的不同来确定职位定级标准并挂职上岗（博士为副县长，硕士为副镇长或者街道办事处副主任级干部），享受相应待遇
考试大纲不同	大纲成熟，题型固定，有变化时会以大纲形式及时通知	考试科目和大纲由各地党委自行确定

同学们如果把选调生考试作为自己就业目标的话，一定要按照相关要求满足以上

报名条件，做好充分准备。

（二）政策性就业

所谓的政策性就业是近几年国家针对大学生就业难而采取的一些鼓励大学生就业的措施，如鼓励大学生到西部去、到基层（社区）就业、当村官、参军以及科研助理等。要注意的是，这些政策性就业的去向也有一定的报名规定，同学们要了解清楚，根据自己的条件去选择。而且，这些去向一般不是大学生的最终职业去向，而是阶段性的毕业去向，如“村官”满三年后，有五条出路可选择；目前，公务员考试也会向有两年基层工作经验的人倾斜；参军的学生之中，也有部分同学并不以军队作为自己最终去向，参军后也有几条出路供选择，等等。这些都需要同学们事先做好心理准备。

【小链接】

2014 年选聘应届高校毕业生到村任职工作，培养经过基层锻炼的党政干部后备人才和新农村建设骨干力量。

选聘对象原则上为全日制本科及以上的学生党员或优秀学生干部。选聘的基本条件：思想政治素质好，作风踏实，吃苦耐劳，组织纪律观念强；学习成绩良好，具备一定的组织协调能力；自愿到农村基层工作；身体健康。选聘对象和选聘条件的具体规定，由省（区、市）党委组织部根据实际情况确定。

大学生村官选聘工作由省（区、市）组织人事部门定期、统一组织实施，或者由省、市两级组织人事部门共同组织实施。选聘工作一般通过发布公告、个人报名、资格审查、考试、组织考察、体检、公示、决定聘用、培训上岗等程序进行。由县（市、区）组织、人力资源和社会保障部门与大学生村官签订聘任合同，聘期一般为 2 至 3 年。

待遇保障：

（1）新聘任大学生村官补贴标准按专科 2000 元每月，本科 2200 元每月、研究生 2600 元每月，并随之同步提高。在艰苦边远地区工作的，按规定发放艰苦边远地区津贴；

（2）大学生村官聘用期间，按照当地对事业单位的规定，参加相应社会保险，并办理重大疾病、人身意外伤害商业保险；

（3）符合国家学费补偿和助学贷款代偿政策规定、聘期考核合格的大学生村官，其学费和国家助学贷款由财政补偿和代偿；

(4) 在村任职 2 年以上，具备选调生条件和资格的，经组织推荐，可参加选调生统一招考；

(5) 聘用期满、考核称职的大学生村官，经县级组织、人力资源和社会保障部门同意，可参加面向大学生村官等基层服务人员的公务员定向招录；

(6) 除实行职业资格准入和专业限制的岗位之外，县（市、区）、乡镇事业单位每年在公开招聘工作人员时，要拿出一定比例定向招聘服务期满、考核称职的大学生村官；

(7) 聘用期满、考核称职的大学生村官，报考研究生享受增加分数等优惠政策，同等条件下优先录取；

(8) 被党政机关或企事业单位正式录用（聘用）后，在村任职工作时间可计算工龄、社会保险缴费年限；

(9) 到西部和艰苦地区农村任职的，户口可留在现户籍所在地。

四、创业

近几年来，国家出台了一系列鼓励大学生创业的政策，鼓励大学生创业。全国高校的创业教育也已经掀起了一个新的高潮。不少学生也以创业作为自己毕业的选择。

同学们在决定了自己的毕业出路后，就要做出相应的毕业前职业规划，并做好实施方案，以便能更好地完成自己的计划。

第二章　了解环境

学习目标

1. 了解产业分类和产业发展趋势。
2. 了解行业分类和行业发展趋势。
3. 了解行政机关、事业单位和企业的分类，了解企业的招聘流程。

- 了解环境
  - 产业
    - 产业分类
    - 根据产业发展趋势，选择自己的毕业去向
  - 行业
    - 行业分类
    - 行业发展趋势
  - 行政机关、事业单位和企业的分类
    - 行政机关
    - 事业单位
    - 企业
    - 企业的招聘流程

大学生之所以与其他人群不同，是因为大学生经历过高等教育的熏陶，具备一定的专业知识和技能。因此，大学生就业或者创业应该尽量在自己的专业领域内进行，以便最大限度地发挥自己的专业优势。要做到这一点，就必须对专业所对应的产业、行业和企业进行了解，并结合自己的优势做好选择。

第一节　产业

我们应该从我国产业的分类标准和产业的发展趋势两个方面对产业进行了解。

一、产业分类

在我国，产业可指包括工业在内的所有行业，有时泛指一切生产物质产品和提供劳务活动的集合体，它是由多个相对独立、业务性质完全一致的行业组成的，或者说是由分散在多个行业、具有同样业务性质的经济组织组成的，包括农业、工业、交通运输业、邮电通信业、商业饮食服务业、文教卫生等部门。

自新中国成立以来，我国的产业划分也经历了几次变更，根据 2002 年最新的划分方法，我国的产业划分是：

第一产业指农业（包括种植业、林业、牧业和渔业）。

第二产业指工业（包括采掘业，制造业，电力、煤气、水的生产和供应业）和建筑业。

第三产业是指除第一、二产业以外的其他行业。

根据我国的实际情况，将第三产业分为流通部门和服务部门两大部分。具体又可分为四个层次：

第一层次为流通部门。包括交通运输、仓储及邮电通信业，批发和零售贸易、餐饮业。

第二层次为生产和生活服务的部门。包括金融、保险业，地质勘查业、水利管理业，房地产管理业，社会服务业，公共事业、旅游业、信息咨询服务业和各类技术服务业，农、林、牧、渔服务业，交通运输辅助业、综合技术服务业等。

第三层次为提高科学文化水平和居民素质服务的部门，包括教育、文化艺术及广播电影电视业，卫生、体育和社会福利业，科学研究等。

第四层次为社会公共需要服务的部门，包括国家机关、党政机关和社会团体以及军队、警察等。

二、根据产业发展趋势，选择自己的毕业去向

根据对自己的认知（包括生理、心理、家庭、道德、社会、优势等方面），结合我国国民经济“十四五”发展纲要规定的产业发展趋势，来选择自己的毕业去向，进而规划自己的职业发展，这是毕业生们应该掌握的基本技能。

第二节 行业

行业是指从事国民经济中相同性质的生产或其他经济社会的经营单位或者个体的组织结构体系，一般是指按生产同类产品或具有相同工艺过程或提供同类劳动服务划分的经济活动类别，如饮食行业、服装行业、机械行业等。它是按照一定的分类标准来划分的。

一、行业分类

2017 年，国家统计局将我国国民经济行业分为以下标准门类：

A. 农、林、牧、渔业；

B. 采矿业；

C. 制造业；

D. 电力、燃气及水生产和供应业；

E. 建筑业；

F. 批发和零售业；

G. 交通运输、仓储和邮政业；

H. 住宿和餐饮业；

I. 信息传输、软件和信息技术服务业；

J. 金融业；

K. 房地产业；

L. 租赁和商务服务业；

M. 科学研究和技术服务业；

N. 水利、环境和公共设施管理业；

O. 居民服务、修理和其他服务业；

P. 教育；

Q. 卫生和社会工作；

R. 文化、体育和娱乐业；

S. 公共管理、社会保障与社会组织；

T. 国际组织。

我国高校的建设及专业的设置，就是根据上述已有的产业、行业活动来进行归类并细分的，比如农业大学、海洋大学、商业大学等，商业大学的金融专业、国际贸易专业等。

毕业生要进行职业生涯规划，必须首先选择一个产业，进而选择一个行业来作为自己的职业方向，所以了解行业也是非常必要的。

二、行业发展趋势

掌握行业发展趋势对于确定毕业后的职业路径至关重要。每位同学应根据自己的专业方向，深入研究投身或创业的行业，特别是要洞悉该行业的未来走向。获取这些信息的一个有效途径是查阅行业的发展规划文件。例如，卫生行业的未来趋势可通过卫生部 2010 至 2020 年卫生事业发展规划来洞察；教育行业的动态则可从教育部的教育发展纲要中获悉；同样，IT 行业与通信行业的未来规划也可在国家相关部委的发展蓝图中找到线索。

在此，特别提醒各位同学，要留意各行业协会及其主管部门发布的行业发展趋势报告，从中发掘潜在的发展机会，并据此明确自身的职业定位，这对同学们今后的职业发展极有帮助。

第三节 国家机关、事业单位和企业的分类

在我国劳动法中，用人单位是独有的概念。用人单位主要指企业、个体经济组织、民办非企业单位以及符合用人资格的其他劳动组织，在一定情况下还包括国家机关、事业单位、社会团体等组织。其中，国家机关、事业单位以及企业是大部分毕业生的就业去向，同学们对此要予以了解，并根据自己的优势和认知，做出适合自己的选择。

一、国家机关

国家机关是指国家各级政府组织机构，它们是国家权力的行使者和国家政策的执行者。国家机关由政府设立和管理，负责管理和运行国家事务，实施各项政策法规，维护国家的利益和公共利益。国家机关包括行政机关、立法机关和司法机关等，它们各自拥有一定的权力和职责，在国家治理中发挥重要作用。其人员实行公务员体制管理，经费、工资福利等全部由政府拨付。

二、事业单位

事业单位，一般指以增进社会福利，满足社会文化、教育、科学、卫生等方面需要，提供各种社会服务为直接目的的社会组织。事业单位一般要接受国家行政机关的领导，其组织或机构的表现形式要成为法人实体。从目前的情况来看，事业单位绝大部分由国家出资建立，大多为行政单位的下属机构，也有一部分由民间建立，或由企业集团建立。与企业相比，事业单位有以下特征：一是不以营利为目的；二是财政及其他单位拨入的资金主要不以经济利益的获取为回报。中国的事业单位在功能上对应国外的是非营利组织、非政府组织，国外的这些组织是社会自治组织，在中国，事业单位和政府的关系比较密切。这种不同点有些是社会制度不同造成的，有的是由于中国的社会自治能力不足造成的。

事业单位大体可以分为“全额拨款”“参公（即参照公务员）”“财政补贴”“自收自支”四类。

(一)全额拨款事业单位

全额拨款事业单位也称为全供事业单位，也就是全额预算管理的事业单位，是其所需的事业经费全部由国家预算拨款的一种管理形式。这种管理形式，一般适用于没有收入或收入不稳定的事业单位；如学校、科研单位、卫生防疫、工商管理等事业单位，即人员费用、公用费用都要由国家财政提供。采用这种管理形式，有利于国家对事业单位的收入进行全面的管理和监督，同时使事业单位的经费得到充分的保障。

(二)参公事业单位

参公（即参照公务员）是一些涉及国家安全，对政策和经济管理工作有明确辅助作用，以及明显以社会公益性为属性的事业单位。

(三)财政补贴事业单位

财政补贴的事业单位又称差额拨款事业单位，按差额比例，财政承担部分，由财政列入预算；单位承担部分，由单位在税前列支，如医院等。

差额拨款单位的人员费用由国家财政拨款，其他费用自筹。这些单位的人员工资构成中固定部分为60%，非固定部分为40%。按照国家有关规定，差额拨款单位要根据经费自主程度，实行工资总额包干或其他符合自身特点的管理办法，促使其逐步减少国家财政拨款，向经费自收自支过渡。

(四)自收自支的事业单位

自收自支事业单位又称为自主事业单位，是国家不拨款的事业单位。自收自支事业单位作为事业单位的一种主要形式，由于不需要地方财政直接拨款，因而一些地方往往放松对它的管理，造成自收自支事业单位有不断膨胀的趋势。

【小链接】

现有事业单位分类

教育事业单位：高等教育事业单位、中等教育事业单位、基础教育事业单位、成人教育事业单位、特殊教育事业单位、其他教育事业单位。

科技事业单位：自然科学研究事业单位、社会科学研究事业单位、综合科学研究事业单位、其他科技事业单位。

文化事业单位：演出事业单位、艺术创作事业单位、图书文献事业单位、文物事业单位、群众文化事业单位、广播电视事业单位、报纸杂志事业单位、新闻出版事业单位、其他文化事业单位。

卫生事业单位：医疗事业单位、卫生防疫检疫事业单位、血液事业单位、计划生育事业单位、卫生检验事业单位、其他卫生事业单位。

社会福利事业单位：托养福利事业单位、康复事业单位、殡葬事业单位、其他社会福利事业单位。

体育事业单位：体育竞技事业单位、体育设施事业单位、其他体育事业单位。

交通事业单位：公路维护监理事业单位、公路运输管理事业单位、交通规费征收事业单位、航务事业单位、其他交通事业单位。

城市公用事业单位：园林绿化事业单位、城市环卫事业单位、市政维护管理事业单位、房地产服务事业单位、市政设施维护管理事业单位、其他城市公用事业单位。

农林牧渔事业单位：技术推广事业单位、良种培育事业单位、综合服务事业单位、动植物防疫检疫事业单位、水文事业单位、其他农林牧渔事业单位。

信息咨询事业单位：信息中心、咨询服务中心（站）、计算机应用中心、价格信息事务所、农村社会经济调查队、企业经济调查队、城市社会经济调查队。

中介服务事业单位：技术咨询事业单位、职业介绍（人才交流）事业单位。

法律服务事业单位：经济监督服务事业单位、其他中介服务事业单位。

勘察设计事业单位：勘察事业单位、设计事业单位、勘探事业单位、其他勘察设计事业单位。

地震测防事业单位：地震测防管理事业单位、地震预报事业单位、其他地震测防事业单位。

海洋事业单位：海洋管理事业单位、海洋保护事业单位、其他海洋事业单位。

环境保护事业单位：环境标准事业单位、环境监测事业单位、其他环境保护事业单位。

检验、检测事业单位：标准计量事业单位、技术监督事业单位、质量检测事业单位、出入境检验检疫事业单位、其他检验检测事业单位。

知识产权事业单位：专利事业单位、商标事业单位、版权事业单位、其他知识产权事业单位。

注：全国出版社除少数保留事业单位编制外，绝大多数在文化体制改革中均已经改成企业。

要特别注意的是，国家对事业单位的改制正在全面展开，想去事业单位就业的同学，要特别关注相关政策的出台，以免影响自己的规划。

三、企业

企业分为国有企业、民营企业、外资企业、合资企业等。不同的企业有不同的招聘标准，有不同的发展空间，也有不同的企业文化和薪酬福利待遇。大学毕业生应该权衡利弊，选择适合自己的企业，以便能够更好地发展自己。

（一）国有企业

国有企业，简称国企，又称国营事业单位或国营企业单位。在国际惯例中，国有企业仅指一个国家的中央政府或联邦政府投资或参与控制的企业；而在中国，国有企业还包括由地方政府投资参与控制的企业。政府的意志和利益决定了国有企业的行为。按照政府的管理权限划分，中国的国有企业可以分为中央企业（由中央政府监督管理的国有企业）和地方企业（由地方政府监督管理的国有企业）。因此，国有企业是一种特殊企业，如定义中所指出的，它的资本全部或主要由国家投入，其全部资本或主要股份归国家所有。

1. 中央企业

在中国，中央企业通常指由国务院国资委监督管理的企业，简称央企。相对于其他一些国家来讲，中国国务院国资委监管的范围是比较窄的。

央企在我国国民经济中扮演着重要的角色。它们在国家重大决策实施、经济调控、产业布局等方面发挥着重要作用。央企在各个领域涉足广泛，包括能源、金融、通信、交通、国防、科技等。一些知名的央企包括中国石油化工集团公司、中国石油天然气集团公司、中国移动通信集团公司等。央企在发展过程中，要遵循市场化原则，积极探索和推动改革创新，提高企业竞争力和盈利能力。央企也要履行社会责任，推动可持续发展，积极参与公益事业和社会事务，为国家经济和社会发展做出贡献。

2. 地方企业

地方企业指的是由地方政府监督管理的国有企业，也就是说企业的管理机构是当地的各行政部门。

（二）民营企业

民营企业是指由民间私人投资的法人经济实体，并且投资人对该法人经济实体进行经营管理、担当风险、分享收益等，其包括了个体企业、乡镇企业、私营企业、股份合伙制企业、国有民营企业、国家不控股的股份企业以及其他形式的集体企业等。这些企业长期以来一直是中国经济发展的重要力量，对于促进经济增长、创造就业机会、提高国家竞争力都具有重要意义。

我国民营企业自改革开放以来一直呈现出发展迅速的态势，其市场化的程度高、经营灵活，在支持我国经济体制改革实施、促进国民经济发展的同时大大缓解了我国的就业压力，所以说，不论是在经济效益方面还是社会效益方面，我国民营企业都做出了巨大的贡献。但是，在当前竞争激烈的现代化浪潮中，我国民营企业的发展在宏观和微观上都呈现出许多不可避免的问题。

在宏观方面可以从三个方面来进行分析：首先表现在国家政策缺乏行业准入的政策性支持，由于铁路、公路、水电等行业受到了国家行政性保护，使得民营企业缺少了平等的准入机会，导致我国民营企业所能够从事的经营范围相对较小。其次表现在我国民营企业的融资渠道较窄，其所承受的社会负担较大；由于我国民营企业在银行或是信用社贷款比较困难，其主要资金来源主要是劳动积累、继承家业或是合伙出资等，所以，一直是困扰我国民营企业发展的一个瓶颈；与此同时，一些政府部门对民营企业进行乱收费、乱摊派、乱罚款，借助对民营企业设置名目繁多的费用解决地方财政困难，致使我国民营企业税负过重，不利于我国民营企业发展。最后，我国民营企业由于缺少具有现代化的信息咨询服务致使信息来源渠道偏窄，最终导致不能准确获得市场的最新信息，人才引进方面也存在缺失，技术的支持力度也不到位，民营企业的员工整体综合素质因其社会化的服务落后而不能得到有效地提高，最终制约了我国民营企业的生产和发展 。

在微观方面可以从三个方面来进行分析：第一，我国民营企业多数是个体经营制、合伙经营制或是股份合作制等相对落后的产权制度形式，这类产权制度的选择往往要求投资人对其经营活动负有连带责任；另外，由于投资主体相对较少，投资风险相对较大，民营企业很难把规模做得很大很强，且因其所有权和经营权没有分离，所以企业很难有良好的可持续发展性。第二，我国很多的民营企业的管理水平相对低下。目前，我国许多民营企业的管理体制采用“新缘化”与“家族式”的管理模式，集权化程度特别高，经营者和所有者为同一主体，公司决策采用专制式决策；这种管理模式在民营企业规模相对较小的时候比较适用，且在一定程度上可以促进企业的发展。但是，当民营企业具有一定规模时，这种集权式的管理就会使企业的经营层和企业的决策层的界限模糊不清，而民营企业主在管理层面上思维的局限性和个人随意性极易导致民营企业的经营决策出现失误等情况，不利于民营企业的发展。第三，当前在我国民营企业中普遍存在着人才机制不灵活的现象。具体表现为民营企业主虽然重视人才的引进和培养，但是，绝大多数的民营企业家都认为企业员工和企业仅仅是劳动力的雇佣关系，并没有把企业员工和民营企业的发展命运联系在一起，加上很多民营企业主往往还是信任自己人多于引进的外来人才，所以，使得很多的人才难以真正地融入民营企业当中，难以把民营企业的发展和自身的发展紧密联系在一起，更难以在民营企业的工作岗位中发挥自己的才能。

（三）外资企业

外商独资企业，简称外资企业，是指依照中国法律在中国境内设立的全部资本由外国投资者投资的企业。外资企业的外国投资者可以是外国的企业、其他经济组织和个人。外资企业依中国法律在中国境内设立，因此不同于外国企业和其他经济组织在中国境内的分支机构。外资企业是一个独立的经济实体，独立经营、独立核算、独立承担法律责任。在组织形式上，外资企业可以是法人，也可以是非法人实体，具备法人条件的外资企业，依法取得法人资格，其组织形式一般为有限责任公司，外国投资者对企业的责任以其认缴的出资额为限。不组成法人组织的外资企业，可以采取合伙和个人独资的形式，这里的合伙指由两个或两个以上外国的法人或自然人共同出资在中国境内设立的企业，其法律依据类推适用《民法通则》关于个人合伙和企业联营的规定。个人独资企业则是指由一个外国投资者依法在中国境内投资设立的企业，外国投资者对企业债务负无限责任。

外资企业的设立可以促进国际投资和技术的引进，带来资金、技术和管理经验等方面的优势，对当地经济的发展和就业起到积极作用。同时，外资企业也需要遵守当地法律和相关规定，履行社会责任，与当地企业和社会进行合作，共同推动经济的可持续发展。

（四）合资企业

合资企业一般指中外合资经营企业，是由中国投资者和外国投资者共同出资、共同经营、共负盈亏、共担风险的企业。外国合营者可以是企业、其他经济组织或个人。中国合营者目前只限于企业、其他经济组织，不包括个人和个体企业。经审查机关批准，合营企业是中国法人，受中国法律的管辖和保护。它的组织形式是有限责任公司。目前合营企业还不能发行股票，而是采用股权形式，按合营各方的投资比例分担盈亏。

在中国境内设立的中外合资经营企业，一般是由外商提供工业产权、机器设备和一部分外汇，中方提供厂房、设备、劳动力和一部分人民币资金。占用的土地按年向中国政府支付使用费或将土地使用权折价作为中方出资的一部分。目前，设立中外合资经营企业的法律依据是《中华人民共和国中外合资经营企业法》及其实施条例。

不同用人单位有不同的招聘要求和流程。如公务员考试由国家各级政府人力资源与社会保障机构负责，选调生由各地党委组织部门负责，事业单位招考基本参照公务员考试进行。而企业单位招聘则更因企业而异。有的大型企业可能委托猎头公司负责，有的企业通过招聘网站发布招聘信息，也有的企业直接去高校或者人才市场进行专场招聘。所以打算去不同企业应聘的学生应对相关媒体予以关注。

【小链接】

企业的招聘流程及图解

（一）企业的招聘流程

1. 国企的招聘流程

在国企，中层和基层人事工作基本上仍按照传统的人事操作，以事务性工作为主。国企的中、基层员工招聘流程大体如下：

（1）公司人力资源部根据生产运营和员工变动的需要编制用人计划；

（2）人力资源部组织召开多次全公司人事干部会议，反复讨论协商后产生需求计划表；

（3）人力资源部根据岗位任职条件等资料编写招聘说明书，设点组织参加各级各类招聘会，比如中专、大专、本科与研究生专场招聘会，社会性招聘会和海外服务招聘会等。

国内校园招聘主要看综合排名、专业成绩、个性特征和专长能力，一般招收专业前几名的学生；所聘人员大致分为工人类、技术员类、行政事务类，基本全部按计划分到各单位从事一线工作，经过 5 至 10 年后进入人才战略储备库；基层管理者全部从内部有经验的员工中选拔产生。

国企的人力资源招聘基本全部按计划进行，极少进行临时招聘；重视招聘后的职业发展规划；建立人力资源信息库，使人力资源管理与开发有据可依。

2. 外企的招聘流程

一般情况下，外企的招聘流程大致有以下步骤：

（1）为了确保在适当的时候，为适当的职位配备适当数量和类型的人员，外企的管理部门通常都要制定年度（或周期更长的）人力资源规划。通过这个规划，外企将其组织发展目标转化为需要通过哪些人来实现这个目标。在做规划前，通常由人力资源管理部门牵头组织，其他职能部门参与，对其现有的人力资源情况进行科学评价。

（2）根据评价结果，可以决定要招人员的数量和类型。通常，中层以下的职位由人力资源管理部门和需招聘人员的部门主管商榷后决定。招聘中层管理人员以上的职位则由公司高层批准，有些公司还要报请总部或董事会批准。

（3）人力资源管理部门开始寻找潜在的职位候选人。至于用哪种方式寻找，要根据当地的劳动力市场情况、工作职位的类型和层级以及组织的性质、行业、规模等来决定。比如要寻找入门职位的候选人，通常可以在学校或公共就业机构寻找，要寻找中高级的企业管理人员，通常需要猎头公司的服务。

（4）为了确保最合适的候选人得到空缺职位，通常需要一个科学的甄选过程。几乎所有的组织都会要求候选人填一张申请表。这可能只是一份让应聘者填上姓名、地址、联系方式的简表，也可能是一份综合性的个人履历表，要求仔细填写个人的简历、技能和成就。求职者对于后一种申请表要认真填写，因为其中有些硬性的、可证实的资料可以作为某些工作绩效的衡量标准，人力资源管理者很可能根据其中一些栏目反映的与所申请职位的相关程度进行加权评分，并依此决定哪些人有资格参加第一次考试。

(5) 笔试。笔试通常要考察候选人的能力、悟性、智商、专业知识，具体内容根据职位和公司文化而定。笔试作为一种有效的甄选手段而被广泛应用，一般的人力资源管理者都认为，一份设计妥当的笔试问卷可以大大减少决策失误的风险。

(6) 面试。面试是一种最为普遍使用的甄选手段。人力资源管理者在与求职者面谈之前，一般情况下都对面谈进行了很好的设计和安排，这是对获得正确甄选结果的一种保障。有效的面试模式一般是结构化面试。

(7) 人力资源管理者对候选人的申请资料进行核实。通常这是一些大公司的做法。有相当大比例的求职者对他们的就业日期、职务、过去的薪金和离职原因叙述不准，对这些硬性资料进行核对，可进一步降低聘用决策失误风险。

(8) 进行体格检查。一般情况下，体格检查是为进行健康保险而做的，管理者要减少对雇员在受雇前伤病的保险开支。

(9) 签订雇佣合同。签订雇佣合同应是在受雇者开始劳动之前，或开始劳动的一周之内。大型企业的劳动合同通常是一份由人力资源管理部门制订的规范合同，求职者一般没有什么讨价还价的余地。

3. 民企的一般招聘流程

处于成长阶段的民营中小企业，其员工招聘方式有其鲜明的特色，一般的员工招聘程序如下：

(1) 一般情况下是等到业务发展需要，进行即时招聘。大中专毕业生分配制度的改革为此类企业的招聘提供了便利渠道，使其可直接到开设相关专业的学校招聘员工或招收实习生。

(2) 由公司相关部门的主管搜集面试者的资料并直接面试。面试过程基本上是由主管人员和招聘者交谈，完全凭面试人员的主观判断决定聘用。

(3) 新进员工一般先分配到相关部门进行边干边学的在岗培训。民营中小企业一般没有编制岗位工作说明书，因此员工招聘并无详细的招聘说明书，招聘过程一切由总经理或其委托代表的个人主观控制，随意性较大。

民营企业在员工招聘中讲求实效，可形象描述为“需要才聘，聘即能用，用只是用。”由于民营企业在用人用工上有极大的灵活性，这不但使得民营企业能及时补充所需的基层员工，也能挖到想要的中高层管理人才，而且能及时更新员工，保持工作活力，降低人工成本和不必要的人事负担。

（二）企业招聘流程图解

1. 校园招聘流程图

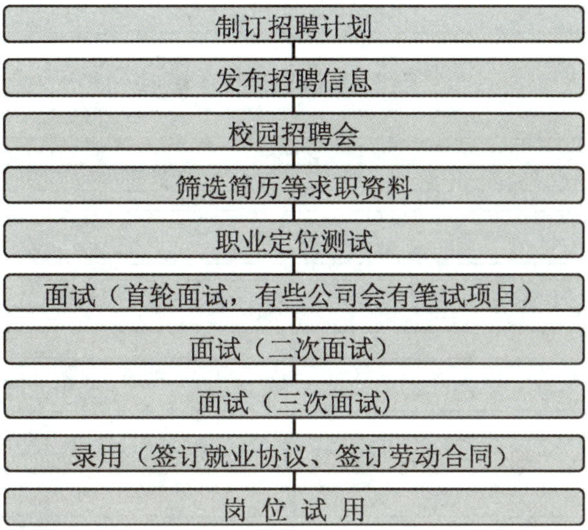

2. 社会招聘流程图

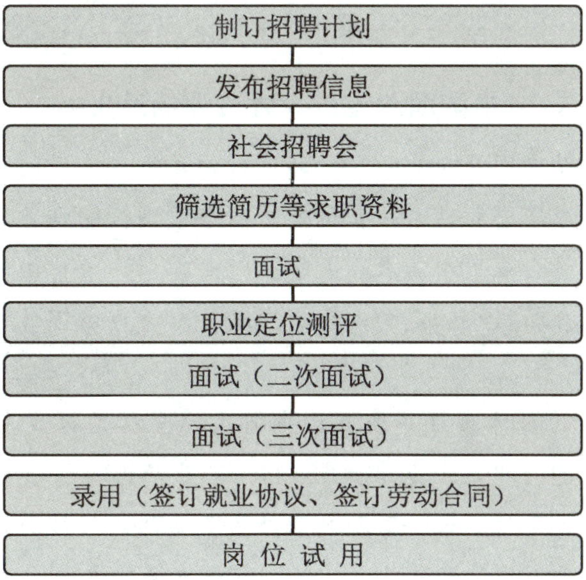

3. 网络招聘流程图

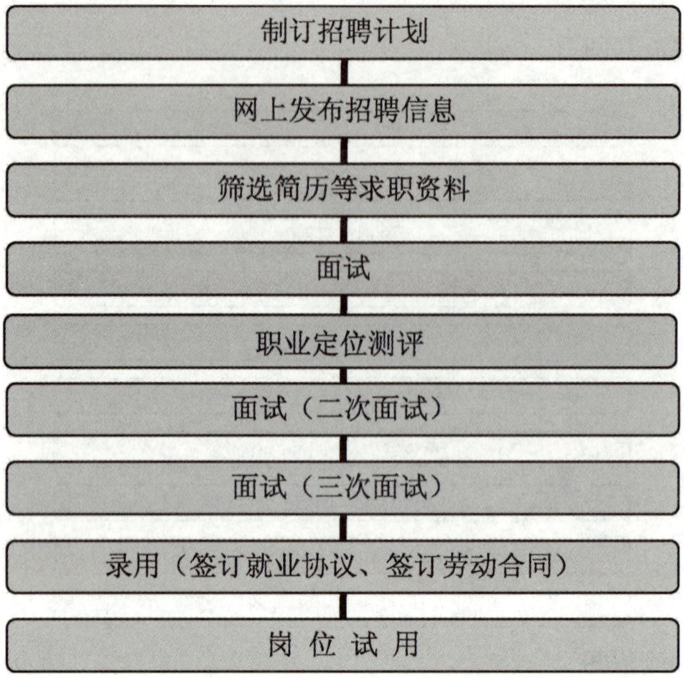

【小链接】

中国职业定位人才测评的意义

中国职业定位网是中国最专业的人才评鉴机构之一。其引进国外先进的理论并结合实战经验为企业和求职者打造了一套适合中国当前国情的人才评价体系。通过第三者的角度，客观地考量企业用人需求和大学生就业需求，为中国的大学生职业定位和就业方向提供专业的分析报告和定向人才输出服务。为数以万计的大学生解决职业生涯规划和就业的问题。

中国职业定位网的人才测评系统在国内首次以全视角探查求职者的关键职业状态，它包含了职业兴趣、职业优势、职业风格、职业动机四个维度。

（1）大学生在找工作时不仅要了解企业，更重要的是了解自己。中国职业定位测评系统可以帮助大学生发现自我的优势，找到职业发展的方向。

（2）中国职业定位系统能帮助大学生测评自己的职业兴趣，使大学生能针对自身特点培养专业技能，对于未来的职业发展起到至关重要的作用。

（3）帮助大学生发现天赋及优势，做自己喜欢并擅长做的事。

（4）测评职业风格，帮助大学生定位自己更适合哪种职业。

（5）测试职业动机，帮助大学生根据自己的价值倾向来选择适合自己的工作。

根据企业的发展阶段和规模来了解企业

企业和人一样都是有生命周期的。一般企业的生命周期大致可以分为四个阶段：发展初期、快速成长期、成熟期和衰退期。处于不同阶段的企业的发展策略和用人需求都有不同的特点。

企业的发展阶段	机会和挑战
发展初期	企业发展前景不明朗，机会与风险并存，岗位职责不明确。如果企业发展起来，会有较大的个人发展空间。
快速成长期	有较大的个人发展空间，有很多升职的机会，能享受到公司快速发展给员工带来的回报。
成熟期	公司各项规章制度和福利待遇都比较正规，职业分工明确，升职的机会较少。
衰退期	职业发展的机会较少，未来发展不明确。

【知识小贴士】

国企与外企面试策略分析

（一）国有企业

国有企业多年来一直是毕业生就业的主渠道。由于国有企业本身的特点，使其在招聘毕业生时有其明显的国企特色。其中最重要的还是其自上而下的人事制度，使其在招聘面试中过于中规中矩，许多国企面试时一般对毕业生并不特别苛刻，但应聘者自由发挥的余地也不大。

总的来说，国有企业在招聘人才特别是高校应届毕业生时，主要还是注重学生的在校成绩与表现，如英语至少过四级、计算机至少要过二级、有各种相关技能证书等，曾经担任过学生干部、党员以及曾获得各类奖学金的学生往往更受国有企业的关注。

在面试过程中，国有企业一般都会重点考查学生的政治素质与思想品德，了解应聘者是否能够踏踏实实在国有企业做一番事业。

很多国有企业需要知识面宽，有一技之长，学历高的人才。现在，越来越多的企业在渴求复合型人才的加入。在能力方面，“团队精神、创新能力、忠诚度和良好的沟通表达能力”是四项基本条件。

总结一些国有企业招聘程序，对国企面试的特点可以归纳为以下几方面：

（1）由于国有企业体制的原因，人事主管往往能决定应聘者的取舍。如果应聘者通过了笔试环节进入面试，说明人事主管已对应聘者的素质进行了肯定，面试只是去进一步证实他们的这种判断。

（2）国有企业的面试都是直接奔主题，重点对面试者的专业能力进行考察，因此毕业生在面试前要做好充分的准备，特别是对应聘企业的基本情况和业务范围有一个基本的了解，避免面试时给人留下不专业的印象。

（3）国有企业的面试往往是一对几的面试，采取一问一答式，问题也是程式化，但由于面试人员多，有时会让人应接不暇，因此要集中注意力听每一位提问者的问题，如果来不及回答，也应向提问者有所表示，以示尊重。

（二）外资企业

外资企业特别注重个人的参与能力与创新能力，其就业优势是实行国际型管理、信息丰富、薪资待遇高。

外企对应届生的普遍要求集中在：综合能力强、专业学习好的人。具体而言，就是“不重学历重能力，强调素质与技能”，应聘者必须精通专业知识，具有极强的敬业精神、较强的团队协作精神和沟通能力。此外，熟练的计算机操作技能与流利的英语表达能力也是非常重要的。

外企对人才需求量比较大的行业主要集中在：IT、国贸、机电，而纯外语类、初级财务、一般销售和进出口贸易专业则呈供大于求之势。

1. 外企面试重视的素质

一般来说，外企在招聘人才时主要强调个人素质与潜质，特别注重个人的职业发展与规划。所以面试的程序和方式也是围绕应聘者的这些素质展开的。

（1）学历水平：相对于学历，外企对求职者的经验更为在意，因为个人能力是外资企业判断人才的标准。因此对于应聘者来说，个人经历和能力往往在求职过程中具有决定性作用。但随着市场和企业发展的要求，外企对学历的要求也逐渐提高，一些关键岗位一般都要求求职者必须具备较高学历。

（2）英语水平：外企对英语水平的要求都很高，许多外企日常办公、阅读文件、撰写报告等都是以英语为主。对于求职者来说，通过国家英语四级、六级只是一个资格证书，而是否具有良好的听说读写能力才是能否被录用的关键所在。

（3）计算机应用能力：对于外企来说，对计算机水平没有过高要求，只需要能够满足相应工作岗位的需要即可。

（4）互联网应用能力：会利用互联网进行基本的信息检索等。

除此之外，外资企业亦十分注重员工的品质，在面试过程中大多会重点考察应聘者的责任感、团队意识、沟通能力等素质。

2. 外企面试的注意事项

（1）与考官握手时应坚定有力。与考官握手时应用力，即使考官是一位女士，你是一位先生。因为没有人会喜欢软弱无力的握手，但也不要来回晃动对方的手。握手时，应介绍自己，并始终正视对方。

（2）面带微笑。再没有比面试者的沮丧或冷漠的表情更为糟糕的事情了。试想一下，你愿意同一位总是耷拉着脸的人一起共事吗？

（3）要始终正视对方。对自己以及自己的能力应该充满自信。比如说，不要望窗户外面，也不要玩手中的笔。考官与你谈话时，你应全神贯注。

（4）谈吐要清晰。在谈话时，不要含糊其词，这会显得你缺乏自信。

（5）应与考官保持良好的互动关系。假如他开了个玩笑，要向他微笑，表示你听到了他所说的内容并且感兴趣，即使事实上那个笑话不是十分有趣。

（6）回答问题之前应认真听。要确信你已经明白了他所说的问题。假如你没有明白，可以请他说清楚。然后，再回答问题。

（7）回答问题应简明扼要。但是，当问到是与非的问题时，应阐明你的理由。

（8）对于薪金应使其留有谈判余地，除非对方明确表示反对如此。根据自己的经验来设定薪水的标准。

（9）要向考官提问。即使考官没有提问你，也应提些问题。

（10）向考官表示感谢。一定要向考官表示感谢，感谢他为自己花费的宝贵时间。

（11）假如需要提交申请表，应该努力做到整洁、完整。不能指望自己已经填写的申请表或者简历能够完全替你说明一切。面试官希望你能够当场介绍自己。

（12）如果你能够确认面试官的姓名，应以其姓氏向其问候，如果不能确定，可以请考官重复一次。走路时应精神抖擞，面带微笑。总体上来说应对面试官彬彬有礼。

（13）不要抽烟，即使考官抽烟并且向你谦让。也不要嚼口香糖。

（14）不要撒谎。回答问题应诚实、直率，并且不要对自己当前的单位或以前的老板做不必要的评论。很显然，有一些原因使得你要离开原来的公司或者老板，但是，当解释你要离开的原因时，应对离开的理由做必要的阐述。

（15）在初次面试时，除非你能确认老板对聘用你感兴趣，否则不应询问薪水、假期、奖金、退休，等等。假如考官询问你希望的薪金时，应表示你对工作机会的兴趣要大于对具体的薪水，当然你要说明你的期望薪水。

第三章　求职心态

学习目标

1. 学会如何培养健康的心态。
2. 了解心态对求职的影响。

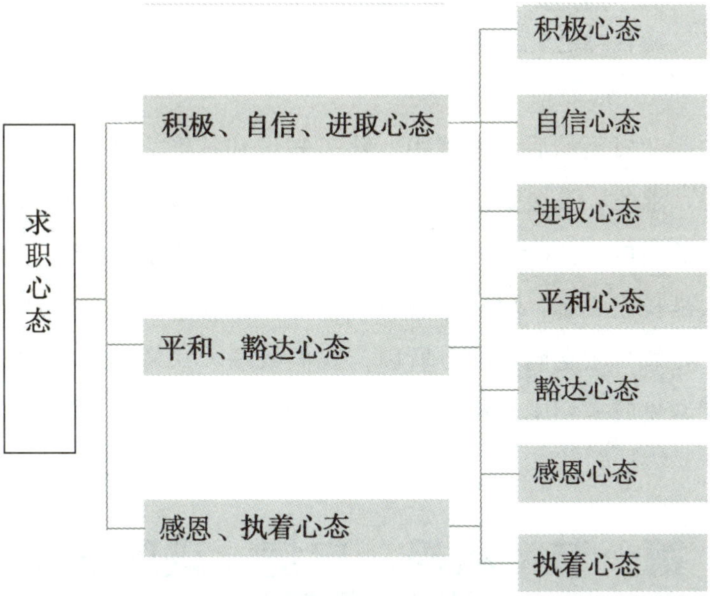

在了解了产业、行业、企业的分类，了解了大学生的就业形势，我们接下来就要锁定就业目标，做好心理准备。对那些准备就业或者创业的同学们来说，乐观向上、积极准备是帮助我们顺利求职、成功就业的行动方针。

【知识小贴士】

往下扎根的启示

近日，连下了几场大雨。我在田边遇到一位正在种树的老农。我说："雨水足，树一定能长好吧?"老农却说："不对！风调雨顺的天气，树根就长得浅，大风一刮就倒。"我听了很吃惊。老农又说："相反，如果天气有些旱，树就会将根扎深，去吸收水分。这样即使将来风再大、天再旱，他们也能活。"

俗话说：根基不牢，地动山摇。为了生存，往下扎根，去适应恶劣的气候，农民种树的经验给了我们些许启示。

【分析】

就业难的困境也极大地提升了当代大学生的就业适应能力和生存能力。只要自己有思想准备，再大的困难也能克服。

影响一个人职业发展的后天因素中，除了知识和技能之外，心态尤其重要。对求职的大学生来说，求职心态会直接影响求职者的行为表现，进而影响到求职者能否顺利找到适合自己的岗位。《人人都能成功》一书中，明确告诉大家，每个人都有一个法宝。法宝的正面是积极心态，反面是消极心态，积极心态带领自己从低谷走向成功的山峰，消极心态导致自己走向失败。所以，我们鼓励大家树立积极的心态，勇敢面对求职过程中可能遇见的一切困难和挫折。

第一节　积极、自信、进取心态

一、积极心态

所谓积极心态，就是指在面对工作、问题、困难、挫折、挑战和责任时，要从正面去想，从积极的一面去想，从可能成功的一面去想，积极采取行动的一种心态。大学毕业生要保持积极的心态，积极收集就业信息，了解就业政策、行业发展趋势，并认真分析自我，找出自己的优势和兴趣所在，准备求职材料，提高应聘技巧，勇敢地面对求职过程中可能遇见的挫折和困难，百折不挠。

积极心态的人在遇事时的十种态度：

（1）执着：对个人、企业和团队目标、价值观持有坚定不移的信念；

（2）挑战：勇敢地挺身而出，积极地迎接变化和新的任务；

（3）热情：对自己的工作及公司的产品、服务、品牌和形象具有强烈的感情和浓厚的兴趣；

（4）奉献：全心全意完成工作或处理事务；

（5）激情：始终对未来充满憧憬和希望，对现在全力以赴地投入；

（6）愉快：乐于接受，并分享成功；

（7）爱心：助人为乐，感恩心态；

（8）自豪：因为自身价值或团队成绩而深感荣耀；

（9）渴望：有成功的欲望；

（10）信赖：相信他人和集体。

【小链接】

健康心态

健康心态＝阳光心态＋积极心态。

什么是阳光心态？阳光心态就是：把别人的批评、责骂等负面的东西，看成善意的，看成“关爱、帮助和造就”自己，以感恩和学习的心态，虚心听取、思考、分析、反省，从中吸收养分。阳光心态主要是指做人方面。

什么是积极心态？就是在面对工作、问题、困难、挫折、挑战和责任时，从正面去想，从积极的一面去想，从可能成功的一面去想，积极采取行动，努力去做。积极心态主要是指做事方面。

积极心态是一种主动的生活态度，对任何事都有足够的控制能力，反映了一个人的胸襟、魄力。积极的心态会感染人，给人以力量。

某杂志社登出一份招聘广告，招聘条件中有三点：第一，报名截止时间为某年某月 20 日；第二，要求年龄在 35 岁以下；第三，要求学农或学文的大学生。年届 40 岁、学医的某人于 25 日前往报名。负责报名的某工作人员拒绝接待他。该工作人员说：“我不可能让你报名，因为报名时间已经截止，而且你不论从年龄还是专业都不符合我们的招聘要求。”

在招聘过程中，这种现象是经常见到的。同学们，如果应聘者是你，你会怎么办？这名应聘者后来是如何处理这个问题的呢？他采取积极的心态，指出了报名虽然截止，但并没有开始考试；年龄在35岁和40岁之间没有本质区别；专业能力可以转化，而且医学知识可以提升杂志为民服务的质量。他的这种解释和积极的心态也感染了这名工作人员。这名工作人员经请示领导后，破例让这名应聘者报名，而这名应聘者也凭着自身的实力成功应聘该杂志的编辑。

二、自信心态

自信心来源于对自我的肯定和接受，来源于既往成功的经历，来源于对某一问题的深入了解和剖析。这是人们迈向成功最重要的心态之一。即将毕业的大学生要通过自己在实习过程中得到的经验，通过对就业政策和就业形势的分析，结合对自己的认知，树立自己的信心。这将有助于你顺利通过面试，成功就业。

案例

某医学院校的一名大学毕业生，在毕业前夕参加了速录培训，每分钟的打字速度达到250字以上。带着这份自信，她参与了一所著名的三甲医院的招聘。医学专业成绩不是太好的她，应聘之前不被老师和同学看好。有的同学还说，她这种成绩最好别去应聘，肯定是陪考。不料，在投档之后，她的简历被院领导看重，作为特殊人才为院办公室新增一个编制，成为该院在该校录取的三名同学之一。这个结果大大出乎同学和老师的意料。事后她在班上介绍成功就业经验时总结道：“速录特长给了我自信，我相信我能够通过面试，成功就业。”

三、进取心态

新一代的大学生在经过数年学习之后，应该用自己所学的知识和技能来报效国家、回报社会、报答父母，为我们伟大祖国的建设贡献力量，在工作中取得合理报酬来赡养自己的父母。当然，我们在学校学习的知识和技能可能与社会的要求有所差异，因此，我们还必须在工作中不断学习，特别是要积极地转变角色，使自己尽快适应职业生活，尽快熟悉业务。保持永不服输、不怕困难的进取心是我们取得事业成功的保证。

案例

高向丽："两万根接线无差错"第一人

高向丽毕业于河北能源职业技术学院。几年前她进入唐山轨道客车股份有限公司并开始接受德国技术人员的培训，走上了接线岗位。很快，她在捋线、核线、接线、剥线流水线一般的节奏中，创造了历史纪录。

简单的流程、单调的节奏是她的工作旋律。可在这单调的背后，却是整个动车组列车的中枢神经，任何一根线出现问题，带来的都是不简单的后果。"当时感受时速350公里的列车就是个神话，我能亲手为创造神话出力，打心眼里觉得自豪。"高向丽说。

看过她接的开关柜，你就会明白什么叫做"既然干了就要干得最好"。根根不同颜色、不同粗细的电缆温顺乖巧地排列一致，弯曲的弧度、绑扎的间隔相同，整个接线构思、布局犹如艺术品那样美观整齐。

每天，完成一天工作的接线工都必须把写有自己名字的作业牌捆扎在绑好的线缆上。"记名作业牌放上去，就再也不会取下来了。"到3月1日，她累计完成20112根接线无差错，成为唐山轨道客车股份有限公司"两万根接线无差错"第一人。高向丽的名字已经与48列不同型号的动车组列车融合在一起。

第二节 平和、豁达心态

一、平和心态

平和心态是指"胜不骄，败不馁"的心态。在求职过程中，有的同学可能拿到了知名企业的录用通知，有的同学同时被多家单位录取，但也有不少同学在毕业时投出数十份简历都无人问津，这都是很正常的事情。平和的心态要求大家在成功时，要尽量保持冷静，特别是在高兴之余，要注意周围其他没有找到工作的同学的感受，尽可能地帮助和安慰他们，协助他们找出失败的原因。暂时没有找到工作的同学，也不必气馁，积极寻找原因，再接再厉。

案例

胡某，2021届毕业生。她毕业后的规划是参加公务员考试。她为此做了一定的准备。但考试过后，成绩不理想，未能通过笔试。性格乐观的她没有沉沦，在同学的鼓励下，她又投入选调生的考试复习之中，经过一个月的复习，顺利通过首轮笔试，进入面试阶段。

二、豁达心态

豁达指心胸开阔、性格开朗，能容人容事。豁达是一种大度和宽容，是一种品格和美德，是一种乐观的豪爽。它可以帮助人们接受失败、承受挫折，渡过难关。

案例

有一次，有位同学去参加某企业的招聘。在面试时，招聘者告诉他此岗位只剩下最后一个名额，要在他和另外一个家庭情况比较差的同学之间选择。问他的意见时，他豁达地说："尽管我十分愿意得到这个岗位，但是如果另外一名同学比我更需要它，我愿意把这个机会让给他，我再去找。"招聘者很欣赏他的豁达，跟他说回去等消息。两天后，招聘者打来电话，通知他被录用。事后他才知道，正是由于他的豁达感动了招聘者，招聘者主动向领导做了汇报，领导决定增加一个名额给这名心胸豁达的同学。

第三节　感恩、执着心态

一、感恩心态

在求职过程中，感恩心态是一种积极的心态，它体现了求职者对他人的帮助和支持的感激之情。同学们可以从以下四个方面理解：

（1）感激机会：感恩心态意味着你对得到的求职机会十分感激，明白选择你是雇主给予你的机会。这种心态可以让你更加珍惜这个机会，努力工作并展示你的能力。

（2）感激他人帮助：在求职过程中，可能会遇到很多人给予你帮助，比如导师、朋友、家人、招聘经理等。感恩心态意味着你要记住这些帮助，并感谢他们的支持。不仅要口头表达感激之情，还可以考虑在成功后以某种方式回报他们的帮助，或者将来在合适的时候去帮助需要帮助的人。

（3）感激失败经验：在求职过程中，你可能会面对挫折和失败。然而，感恩心态可以帮助你从失败中学习，并感激这些失败经验带给你的成长机会。它能够让你更加坚强、有韧性，并且愿意不断尝试，直到实现职业目标。

（4）感激自己的努力：感恩心态也包括对自己的努力和付出表示感激。在求职过程中，你可能会投入大量时间和精力去准备面试、改进简历、提升技能等。感恩心态能够让你更加自信，知道你已经付出了努力，并对自己的成果感到自豪。

总之，感恩心态在求职过程中是非常重要的。它有助于保持积极的心态，面对挑战并专注于自己的成长和发展。同时，它也能够让你与他人建立良好的人际关系，并在职业道路上获得更多的支持和机会。

案例

在浙江衢州，某大学有这样一位毕业生。他觉得，他要用感恩的心来回报社会，于是他毕业时选择去西部做支教的工作。他来到四川某藏族州，为西部儿童的教育出力。在工作中，他不仅兢兢业业地为学生做好教学工作，而且还主动为西部儿童到浙江学习牵线搭桥。在他的努力下，衢州市教育局与他任教的农村建立了共建关系，每年都有两个班的学生从西部来到发达的浙江学习。他也因此受到浙江省团委的表彰。

二、执着心态

这里说的“执着心态”主要是指人们在追求目标的过程中，克服各种困难和挫折，在困难和失败中积累经验，直到达成目标。

有些同学，遇见困难容易退缩，喜欢逃避，还美其名曰“识时务”。但是，很多情况下，挫折是正常的，失败也是常见的。因此，执着的心态也是一种不服输的精神。

案例

某位同学看中了一家公司，但招聘者却没看中他的简历，没有安排他面试。在面试的那天，他虽然早早来到招聘现场，但招聘者始终没有让他进去。看到应聘者一个个地进去、出来，他不为所动，坚持等待。当最后一位应聘者出来后，主考官还在讨论录取名单时，他自己主动地走了进去。看到他进来，主考官们觉得很纳闷，面试的人员不是已经全部结束了吗？于是他叙述了他对该公司的仰慕，说他从早上一直等到最后的执着，恳请主考官们给他一个面试的机会。

看到他的执着，主考官们答应了他的面试请求，破例让他面试。他抓住这个机会，努力展示自己的知识和能力，并最终赢得了想要的岗位。

第四章　求职行动

学习目标

1. 学会根据求职目标编写相应的求职信。
2. 学会根据求职目标写相应的简历。

- 求职行动
  - 搜集求职信息
    - 求职信息的搜集渠道
    - 求职信息的甄别和筛选
  - 简历
    - 简历的内容
    - 简历的撰写原则和技巧
    - 简历范例
  - 求职信
    - 求职信撰写要点
    - 求职信撰写技巧
    - 撰写求职信的注意事项
  - 大学生职业信用档案
    - 大学生职业信用档案的价值
    - 大学生职业信用报告的内容

在确定好自己的毕业去向，搜集好用人单位的相关信息之后，我们要积极地准备必要的求职材料。求职材料一般包括简历、求职信、相关证书、自己的成果等。鉴于大学生就业后，跳槽率较高，目前有关方面正在强化诚信就业的措施，强调员工的职业信用，要求大学毕业生在提交求职材料时，必须出具大学生职业信用档案，该档案记录了大学生在校期间的表现、奖惩情况、参加社团活动及社会活动的表现、见习实习期间的表现。在当今社会信用体系正处于建设阶段的时候，如果能够提供一份个人职业信用档案，那无疑会增加求职者的面试机会。

第一节　搜集求职信息

在毕业前夕，在我们锁定所适应的产业、行业目标之后，就应该尽量搜集目标用人单位的相关信息。搜集信息要掌握几个原则：第一，注意信息来源，以确保信息的真实性；第二，要注意多搜集几个相关目标单位，不要过早集中在一两个目标上；第三，对所搜集的信息要注意甄别、筛选。

一、求职信息的搜集渠道

（一）校招渠道

1. 学校就业信息网

这是校招求职的首选渠道。企业和岗位信息由学校把关，因此不太可能碰到骗子公司。企业质量很大程度上与学校的教育质量相关，名校自然能吸引很多大企业提供优质岗位，普通院校虽然也会有大企业前往招聘，但主要倾向于招聘强势学科的学生。

搜索学校的大学生就业与创业网即可查看岗位信息。校园宣讲、招聘信息、通知公告等板块内容都要看一看。

2. 其他学校的就业信息网

有些大学在大学城区，附近院校众多，找工作可以到隔壁学校看一看。本校的招聘信息不够，就可以看其他学校的就业信息网。当然有些学校外网是没办法访问的，具体还得多试。

能访问且有意向岗位，都可以投简历，运气好还能有面试机会。如果你毕业后的意向城市是外省，也可以跨省看当地院校的就业信息网。比如你的大学在南宁，但你想去广州工作，可以看一看如华南理工大学、华南农业大学等本地院校的就业信息网。

3. 学校就业公众号

电脑没法随身携带，访问就业网站不方便，那么学校的就业公众号一定要关注并定期查看消息。服务栏上会有在线招聘信息，相当于就业信息网的手机端，查阅都比较方便。

公众号也会经常发布企业宣讲活动，人才引进、事业编等岗位信息。同时，也可以看其他学校的公众号。

4. 企业宣讲

企业宣讲可以理解为企业直接来学校招人，企业宣讲的具体信息可以在本校就业信息网查看。宣讲会按照规模可以分为两种类型，一种是面向全校各专业的，另外一种是面向学院部分专业的。

一般情况下，企业招聘岗位的通知都会提前发出来，同学们参加宣讲会之前最好提前网申，当然，现场递交简历也是可以的，因此，纸质简历在参加宣讲会前要准备好。

企业宣讲一开始都是企业介绍和岗位介绍。宣讲完毕就开始面试，有些是当天就发录用通知，还有的只是初面，后续还有 2 至 3 轮面试，具体看企业的安排。

5. 校园双选会

由学校和用人单位组织的大型线下招聘会，举办时间、单位信息、招聘岗位等信息在本校就业信息网和公众号上发布。参会前做好准备，服装不要太随意，有些岗位可能会要求正装。

求职流程一般都是毕业生先自我介绍，然后面试官提问，双向沟通。部分单位现场只是做个候选人初筛，后续另外安排面试。线下双选会可以多家尝试，没通过也没关系，就当做面试训练。

（二）社招渠道

1. 招聘软件

在社会招聘中，有很多招聘软件可以利用，如智联招聘、Boss 直聘、猎聘、前程无忧、海投网、领英等，部分招聘软件中校招和社招岗位都有。有些招聘软件还有职场干货、经验分享等内容，看岗位信息的时候可以看看。

还有一些软件，如脉脉、看准网、职友网、天眼查、企查查等，可通过这些软件了解公司的基础信息和风评。

2. 地方性的人才网

地方性的人才网是指专注于某个特定地区或城市的招聘和求职服务平台。这种人才网通常在某个地区或城市具有较高的知名度和影响力，并与该地区的企业、学校、机构等建立了紧密的合作关系。

地方性的人才网主要通过收集、整理和发布该地区的招聘信息和求职信息，为地方企业和求职者提供对接的平台。这些网站上不仅包含了各类职位的招聘信息，还包括了本地区的求职人士注册的简历库，使企业可以根据自己的需求快速找到合适的人才。例如，国内的地方性人才网有神州英才网、扬州人才网、杭州人才网等。这些网站提供特定地区的招聘信息、职位搜索、求职指导和其他就业相关服务。它们往往与当地的教育机构、政府部门、企业以及其他就业资源机构合作，通过举办就业招聘会、组织专场招聘活动等形式，促进地方人才的就业与发展。

地方性的人才网的优势在于其对特定地区就业市场的精准了解和对当地招聘需求的深入了解。对于寻找特定地区就业机会的求职者，地方性人才网提供了更加详尽和准确的招聘信息，帮助求职者更快地找到符合自己需求的职位。同时，地方企业也更倾向于在这些地方性人才网上发布招聘信息，因为它们能够更准确地吸引到地方的求职人才。

3. 线下招聘会

线下招聘会是一种传统的招聘方式，通常由学校、企业、行业协会或招聘机构主办。在招聘会上，多个企业或组织会在同一场地集中展示招聘信息，并接受现场面试或收集应聘者简历，提供求职咨询等服务。求职者可以通过参加线下招聘会与多家企业面对面沟通，了解各公司的招聘需求、公司文化、福利待遇等信息，从而更好地选择合适的职位。

线下招聘会通常会在地点和时间上提前公布，一般会在学校、展览中心、商场等人流量较大的场所举办，并根据不同的领域和地区划分为不同类型的招聘会。例如，某些招聘会可能只针对毕业生或应届毕业生，而另一些则可能专注于某个特定的行业或领域，如金融、教育、医疗等。

线下招聘会在求职市场上一直扮演着重要的角色，可以让企业和求职者更直接地接触。尽管随着网络技术的日益发展，越来越多的人选择在互联网上寻找工作，但线下招聘会仍然有其独特的优势。在线下招聘会上，求职者可以直接了解到企业的需求，了解求职市场的动态，同时也能够展示自己的专业技能、人际交往能力和语言表达能力等，从而提高自己的招聘成功率。

4. 行业人才网

行业人才网是一种专注于某个特定行业或行业领域的招聘和求职服务平台。它为特定行业内的企业和求职者提供了一个更加专业和精准的对接平台。

行业人才网的主要特点是其覆盖的行业范围比较狭窄，但针对该行业的招聘需求和求职者需求有更深入的了解。这些网站通常不仅提供招聘信息，还提供了与特定行业相关的专业知识和技能培训、行业动态与趋势分析、职业发展建议等增值服务。

行业人才网可以帮助企业更快速地找到具有相关行业经验和技能的人才，同时也方便求职者在特定行业内寻找更适合自己的工作机会。对于特定行业的求职者来说，行业人才网提供了一种更加集中和高效的渠道，可以快速了解到行业内的招聘信息，了解行业的最新动态，并与同行业从业者进行交流和互动。例如，行业人才网可以专注于金融行业的招聘和求职信息，为金融机构和金融从业者提供相关服务；也可以专注于 IT 行业的招聘和求职信息，为 IT 企业和从事 IT 职业的人员提供专业支持。

行业人才网的优势在于其对特定行业的深入了解和行业资源的整合。对于企业来说，使用行业人才网可以提高招聘效率，减少招聘成本，并更精准地吸引到符合岗位要求的人才。对于求职者来说，行业人才网可以提供更加专业的求职支持和精准的职位推荐，帮助他们在特定行业内更好地实现职业发展。

5. 企业官网

企业官网一般都会有招聘专栏，如果你很想去这家公司，可以直接在官网上投递简历。

二、求职信息的甄别和筛选

求职信息的发布途径很多，求职信息也铺天盖地，同学们很容易被一些虚假信息所迷惑。因此，信息的甄别和筛选十分重要。

（一）分析信息来源

获得就业信息应把握四个原则，一是便捷，二是权威，三是适合，四是时效。比较可靠和有效的信息来源是见习或者实习单位的招聘信息、自己的亲友们提供的招聘信息、学校就业办提供的信息和校园招聘会的招聘信息。对这些信息应及时登记并进行分析处理，详见表 4-1。

表 4-1　信息搜集登记表

时间	信息来源	内容	可靠性	自我分析	重点排序	联系记录	结果

（二）直接印证相关信息

对感兴趣的招聘信息，我们应该直接去印证信息的真伪。你可以打电话，也可以上门拜访，这样可以直接了解招聘情况。

（三）做出选择

在纷繁复杂的就业市场中，毕业生与用人单位总是会陷入一种“无法匹配”的怪圈，这个现象表现在两个方面。一方面，每年总有一部分毕业生就不了业，另一方面用人单位又找不到合适的人。这种结构性矛盾的产生充分反映了一种现象，那就是大学生面对岗位信息无法做出判断。有时候，选择是一件艰难的事，有人说，如果全国只有三个岗位，你可能就不失业了，因为你会拼命去争取，现在就业的信息多了，你反而挑三拣四了。所以，我们要善于把握机会，尽快做出合理的选择。

表 4-2 为求职信息汇总分析表，同学们可以对照此表来分析汇总各种求职信息。

表 4-2　求职信息汇总分析表

搜集的信息	全部信息	可用信息
招聘会信息		
网站招聘信息		
行业招聘信息		
区域企业招聘信息		
事业单位公开招聘信息		

第二节　简历

简历是求职者为了向雇主展示自己的教育背景、工作经历、技能和能力等相关信息而编写的一份个人简要介绍。简历是求职过程中非常重要的一部分，通常是求职者与雇主进行初步接触和评估的基础。

简历的目的是向雇主提供关于求职者背景和能力的概览，以便帮助雇主初步评估其是否适合岗位。一份好的简历应该清晰、简洁地呈现关键信息，突出求职者的优势和相关经验，吸引雇主的注意力。

【知识小贴士】

企业 HR 对于简历的态度

我们不希望看到那种详细罗列的工作记录“表”，也不愿意看到申请者与多少人有过工作关系。我们想确定的就是他们能为我们的工作提供什么样的技能。申请者的业绩与贡献应该是主要的参照依据。申请者应该说明他们取得什么样的成绩，而不是简单地说“曾经做过”什么，应该说明他们是如何运用所掌握的技能。这些内容才是公司需要的“精华”。

一、简历的内容

一份完备的个人简历一般包括以下 5 个方面的内容（详见表 4-3）：

表 4-3　个人简历包含的主要内容

个人信息	姓名、性别、年龄、籍贯、民族、政治面貌、健康状况、联系地址、邮编、电话、电子邮箱等
学习经历	就读学校、专业名称、开设课程及学习成绩（应结合所获证书或职业培训的资料等）
工作经历	实习、兼职等参加社会活动的内容，尤其要突出与应聘职位有关的工作成绩，内容要具体，证明人要明确
兴趣、特长	重点是与求职相关的内容，包括专业技术特长、一般性特长（如外语、计算机、普通话、写作）等其他能力
获奖情况	三好学生、优秀学生干部、优秀党团员、奖学金等

二、简历的撰写原则和技巧

在求职过程中，毕业生都希望亮出一份出类拔萃的个人简历。撰写简历有一定的原则和技巧。

（一）原则

简历撰写的基本原则是：内容简洁；突出重点；客观真实；强调优势；目标明确；措辞诚恳；格式清晰。

（二）技巧

1. 简洁醒目

简历要简洁醒目，最好在一页纸内完成。因为用人单位每天要接收数百份简历，他用在你简历上的时间一般只需要 8 秒，不超过 20 秒，所以你写的简历就必须在 20 秒内能让他了解你。

如果你需要用两页纸来完成简历，请先清楚、完整地把你的经历和取得的成绩在第一页纸上表现出来。不要压缩版面，不要把字体缩小到别人难以阅读的程度。

2. 突出应聘优势

在简历中突出自己的核心竞争力和独特优势，用事例来概括描述应聘优势，此描述应为目标单位所关注的，符合目标职位的要求。

3. 量身定制

根据目标职位和公司的需求，调整和优化简历。突出与目标职位相关的经验、技能和成就。

4. 使用关键词

根据目标职位的要求，使用相关的关键词和短语来凸显自己的能力和经验。这有助于简历在自动筛选系统中脱颖而出。

5. 结构清晰

使用清晰的标题和段落划分简历的内容，使阅读者能够快速浏览和理解简历。提供清晰的时间线和标准化的格式。

案例

有一天，小王接到了面试通知，兴冲冲地按约去面试。轮到他面试的时候，他当着面试官的面从他的包里拿出了一叠简历，并从中挑选出一份给面试官。看到这种情况，面试官只问了他一句“你究竟想应聘什么岗位？准备了几种简历？”这次的面试匆匆结束了，给小王上了生动的一课。

6. 内容真实

虽然要“王婆卖瓜，自卖自夸”，但是不要虚构业绩和经历。简历最重要、最基本的要求是真实。诚实地记录和描述自己大学期间的经历和所获得的成绩，能够使阅读者产生信任感，用人单位对于应聘者的最基本要求就是诚实。阅历丰富的招聘者，对简历有敏锐的分析能力，若应聘者遮遮掩掩或夸大其词，终究会露出破绽，何况还有面试的考验。与其费尽心机，适得其反，不如老老实实，真实而全面地反映自己的情况。

7. 注意不能出现错别字

简历最忌讳错别字。许多招聘者说：“当我发现错别字时，我就会停止阅读。”简历中有错别字就说明应聘者的素质不够高。

8. 注意外企与国企对简历的要求有所不同

具体参见表4-4。

表4-4　外企与国企在简历方面的区别

	外企	国企
个人信息	较为简单：姓名、地址、电话、邮件	较为丰富：基本之外还可能需要性别、民族、籍贯、婚否、身高、体重、政治面貌等
教育经历	可能需要学分	通常直接看成绩
长度	本科生最好一页，除非经历足够丰富	可一到两页
学术活动	对高职高专学生一般不看重，仅作为参考；对研究生而言可作为研发能力的表现	很关注学术成果，发表论文、参与学术研究的经历能得到好感
工作经历	能体现出个人素质的所有经历都会受重视	与职位相关度高，不相关的经历可能不受重视
校园活动	对教育背景的补充，重视其对个人能力的提升，但仅有校园活动并不太够	很重视校园活动，尤其是在其中的职位，学生干部更受青睐
奖励	不仅关注奖励本身，也在意获奖难易程度，如一个班级的获奖人数和评奖标准	比较看重奖励的数量，对政治要求比较高，对优秀学生干部、优秀党员之类的奖励比较看重
职业技能	相比证书，更看重软性职业技能	比较看重各类证书，尤其是国家承认的职业技能证书

【小链接】

大学生靠“微简历”进腾讯

所谓的“微简历”就是用微博写简历。微博的字数限制在140个字符之内，所以简历必须精炼。近日，华中科技大学武昌分校新闻系大三学生胡超凭借一份118个字的网络“微简历”，从两万名求职者中脱颖而出，提前被腾讯公司录取为产品经理。这代表一种新的潮流和趋势，大学生们应该引起重视。

胡超在网上看到一则“微简历大赛”的消息，称“撰写简历优秀者将有机会赢得腾讯公司实习或工作机会”。这让有过多次营销比赛经验的他感到跃跃欲试。“我喜欢互联网，课余时间还学习过代码知识，编过网络杂志、建过个人网站，技术上肯定没问题。”胡超自信地说。

为了在微博所限的140个字以内最充分地展现自己的优势，胡超绞尽脑汁。“我把自己实践经历中和产品经理这个职位相匹配的部分在草稿纸上列出来，然后一遍又一遍地尝试用最简洁的语言来概括。”他说，为了让自己的表现更加突出，他还精心设计了一份电子版的“一张纸简历”——将自己的基本资料、个人技能等浓缩在一张纸上，链接附在微博后。“6产品开发速度，6回报率，这些词在我的简历里很常见，它们也让我看起来更专业。”

微博发出后第二天，腾讯公司人力资源部的工作人员就联系上了胡超，并就一些技术问题在电话里对他进行了3轮面试。4月1日，胡超接到录取通知，成为该公司的一名产品经理。

“我现在才上大三，在这个职位上还有较长的实习时间，但我相信我能做好。”胡超总结自己的求职经验时说，求职需要认真，但也要有技巧。“简历制作并不是越厚越好，而要针对职位需求列举自身对应优势、各个击破。我的观点是，自己就是商品，需要成功的营销和运营。”

微简历摘录：经历1次创业，2个网站，3个项目，4次实习，5年规划，6年tx产品使用，7种基本技能，8年触网经验。专注时间管理；产品体验狂；网络营销和数据分析；PRD、BRD逻辑图和DEMO设计经验……（源自《楚天金报》）

三、简历范例

（一）萌萌的简历

求职意向：硬件开发工程师

个人信息：

姓名	萌萌	性别	女	身高	165cm	照片
出生年月	1995年10月	学历	大专	体重	50kg	
政治面貌	团员	专业	×××××	视力	1.2	
健康状况	健康	籍贯	××××			
联系方式	13456789012	电子邮箱	123456@126.com			

教育背景：

2011 年 9 月至今　　××职业学院　　专业：电子科学与技术

2009 年 9 月～2011 年 6 月　高中：××二中

主修课程：

电路分析（双语）、数字电子技术、模拟电子技术、微机原理与接口技术、感测技术基础、电子科技英语、材料分析测试技术、信号与系统、C 语言与程序设计方法等、

专业实习：

2013 年 6 月金工电工实习两周，学到了焊接技术，掌握了电烙铁、车床的使用方法，可以自己焊接电路板，并成功完成了收音机的制作。

2013 年 6 月秒表倒计时电路设计与制作，从设计到制作，团队合作，合理分工，巩固焊接技术的同时，掌握了电路设计，并成功完成任务，得到老师的肯定。

社会实践：

2014 年 3 月利用课余时间在餐馆做了一个月的服务员。虽只是简单的服务工作，但锻炼了我的处事能力：一天 6 个多小时的工作让我学会了坚持，学会了合理的安排时间。

2014 年 4 月开始在食堂卖早点。多学多看，收获很多，锻炼了自己的适应能力、协作能力。

（二）小堂的简历

小堂

手机：400-600-2010　　电子邮件：cv@qiaobutang.com

地址：上海市海宁路 1399 号　　邮编：200072

求职意向

医药销售

教育经历

2002 年—2006 年	**乔布堂大学**	**药学院**	**药学方向**	**本科**
2003 年—2005 年	**乔布堂大学**	**外语学院**	**英语**	**辅修学位**

销售&宣传相关经历

2003．8～2005.9　**乔布堂大学职业发展协会组织部**

- 走访了近 200 个寝室，招揽了新会员 300 多名
- 与社区管理员做大量的沟通工作，为进入寝室拜访做好准备
- 总结协会为学员提供的利益，通过印制传单、海报、横幅、设摊答疑、宿舍楼走访等方式进行宣传
- 多次举办 30 人左右的宣讲座谈会，向到会者推介协会
- 广泛建立与新生的关系，通过新生的彼此介绍，加强协会的品牌推广

2003.3～ 2004.10　**乔布堂大学学生会宣传部组长**

- 带领 5 人小组负责学生会所有活动的网络宣传工作
- 带领宣传小组设计网络宣传方案，并通过校内网络进行实施，实际上拓展了寝管中心形象推广的新渠道
- 调查同学需求，基于学校师生的实际需要，制作使用方便的软件光盘，在校园内进行推广，并受到广泛的欢迎

医药相关经历

2004．9～ 2004.10　**"过期药物换新药"社区活动**　**发起人&组织者**

- 带领志愿者团队到校医院学习医药知识，并制作医药知识宣传海报
- 在学校附近社区设摊一周，向居民宣传过期药物的隐患、过期药物处理办法
- 回收 30 多种过期药物，全部交由校医院和专业老师妥善处理

2002．9～ 至今　**乔布堂大学药学院**　**专业课 Top5**

- 系统学习药物的合成、药物的分类、药物的作用机制、药物的代谢动力学、
  药物毒副反应、药物化学结构等知识
- 两次获得综合课程二等奖学金

语言及计算机能力

大学英语六级（CET6）	通过
上海计算机等级考试 3 级（数据库）	通过

第三节　求职信

求职信是求职者写给用人单位的信，目的是让对方在看过求职者的简历后进一步了解、信任求职者，最终达到求职者被录用的目的。它是一种私人对公并有求于公的信函，是毕业生求职过程中常用的辅助材料。一封好的求职信是打开就业之门的“敲门砖”，因此，在写求职信时，求职者必须思考“你想干什么”“你能干什么”两个问题。明确希望从事什么工作，最适合什么工作，并且确定是否具有从事此项工作所必需的知识与技能。

求职信属于专用信函，书写时一定要符合书写格式和书信语言的礼仪规范。求职信是求职者以书面形式与用人单位进行的第一次接触，是“双向选择”的桥梁，是用人单位决定取舍的首要依据。求职信写得如何事关求职的成败，所以要把握求职信的撰写要点，注意求职信的写作技巧，写出高质量的求职信，接受用人单位对自己的一次非正式考核。

一、求职信撰写要点

（一）自我介绍

1. 说明自己的情况

应届毕业生要说明所在学校和所学专业，比如“我是××大学经济学院经济学专业应届本科毕业生”，简单一句话，就让招聘经理对你的身份有了大概的了解。

2. 介绍信息来源

接下来应该说明你所应聘的具体职位和得到职位信息的途径，许多公司通过报纸、杂志、网站等公众媒体发布招聘信息，在信中要写明信息来源。写清楚谋求的职位或职业目标，告诉他们你了解的情况，通常是简短的一两句话。对于一个大公司来讲，每天收到的求职信会比较多，信的开头就表明求职意向会给对方的工作带来方便。

案例

“尊敬的人事经理：

我近日在智联招聘网上获悉贵公司正在招聘××××一职，特寄上简历敬请斟酌。”或者说：“在《××》杂志上我读到了你们××的计划，很感兴趣，想加入你们的企业中。”

【小链接】

如何巧用第三者

如果有的话，求职者可以在求职信中提及招聘人员和自己都知道的第三者作为推荐人，从而在自己和招聘人员之间建立联系。这种做法可以引起收信人对你的关注，如果推荐人级别比较高，招聘人员更加不会怠慢。

如果你得到了招聘公司内部员工的推荐，求职信的写作技巧和表达语气要表现得非常专业，不能过分强调私人关系。因为招聘人员在得知你是公司员工介绍的人选时，已经优先给你机会了，此时一个专业的、有能力胜任这一岗位的应聘者，应该不枉介绍人对你的“厚爱”，而那些一味闲谈自己与介绍人关系多么“铁”、多么“磁”的人，会让招聘人员心生厌烦和抗拒。

当第三者的专业、职务地位较高时，你在求职信中提到他时语气要格外平和。不要给招聘人员一种狐假虎威的感觉，这样会引起他的强烈反感。比如以下这种说法：“张董事长让我来找你，谈谈这个职位的录取问题。”这种写法显得趾高气扬，根本没把招聘人员放在眼里，好像你就是领导一样，或者领导的意思就是要录用你了。如果真是这样，那么只需领导的秘书打个电话就可以了。何必如此麻烦。而另一种“在与贵公司张董事长的交谈中，他向我介绍了贵公司的情况，建议我与你们联系，进一步互相了解”的写法就比较温和、可取，表现出了对招聘人员工作的充分重视。

当你准备在求职信里提及第三者时，必须先得到他本人的明确同意，不要从对方的言谈中妄自揣测，想当然地认为“不反对就是同意”，其实对方也许只是碍于面子不好当即拒绝，如果你未经明确许可而自作主张地把它写进求职信，很可能会在招聘人员查证时得到他的矢口否认。

3. 阐明你要应聘的职位

你的求职材料有可能被送到人力资源部门，也可能被送到公司的某个业务部门，或者几经周折才到达招聘人员手中。为了使招聘人员明确这些材料的意义和目的，要开宗明义，在求职信开头写明你应聘的职位。

有些同学以为求职信开篇就直奔主题太过功利，于是开篇就是大段热情洋溢、文采激扬的文字，以为这样能够吸引招聘人员的注意，对自己求职有益。其实那只能让忙碌的招聘人员感到浪费时间，他很可能会把你的材料搁置一边，甚至扔掉。招聘人员对文字游戏并不感兴趣，他所感兴趣的是你这个人是否有可能是他们所需要的人才，是不是面试的首选。

（二）能力说明

这部分的行文力求简洁到位，可以列举一个有关公司的较新的重大发展，或是谈谈自己对公司的独特见解，让招聘人员感受到你的诚意。但阐述这部分内容的前提是，你必须对该行业、企业有一定的了解，对于该行业、企业的近况和发展都很熟悉。否则一知半解地班门弄斧，会给人轻浮的感觉。

1. 综合介绍自身能力

对于在校大学生来说，你能展现的“卖点”除了毕业院校、对口专业外，还有你对所应聘行业的深入了解，你曾经兼职或是实习的工作与应聘工作的相关程度，你在原来的工作岗位上做出的成绩、创造的价值，这些能够体现出你的工作能力、业务技能等。招聘人员关心这些内容是为了横向比较谁能为公司做更大贡献，谁更适合。

可以围绕简历中的某一两点进行发挥或引起别人对这几点的关注。比如突出你在学业、工作中的成绩，以证明你具备扎实的知识基础、过硬的业务能力，使招聘人员相信你足以胜任这项工作。

2. 强调自己能为公司做出哪些贡献

许多大学毕业生在写求职信时没有真正明白招聘公司招聘的目的，会在求职信中写自己尚有欠缺，希望能在招聘公司提供的岗位上努力学习，有所收获。但事实是，公司开展招聘主要不是为了给社会创造更多的就业机会，更不是像学校一样给应聘者提供学习机会，而是为了网罗人才为己所用，他们需要求职者能够为招聘公司贡献力量。因此，这一部分可基于个人能力和经验，表明自己可为公司的哪些方面做出贡献。

（三）传递有效信息，争取面试机会

1. 请求答复

结尾应再次强调你对该职位的强烈兴趣以及希望与他们进一步接洽的愿望；要表达出你想与招聘人员面谈的意愿，让他们来安排一次面试；表示你会主动再与他们联系，而且渴望收到他们的回复。

大家应该明白的是，求职信是为了能得到面试机会，而不是马上能得到工作机会，也不可能因为求职信写得好而被录取。因此，你的求职信若能使读者产生“欲知后事如何，且听下回分解”的渴盼就达到目的了。

2. 再次详细告知自己的联系方式

有人认为联系方式在信头、简历等处都已经包括了，没有必要到处都写。其实，再次写清联系方式有助于繁忙的招聘人员轻而易举地找到你的联系信息，同时也让人知道你很善于沟通，善于提供良好的服务。

二、求职信撰写技巧

撰写求职信的目的就是要推销自己，引起雇主的注意，争取面试机会。以下是撰写求职信的一些基本技巧：

（1）应聘不同的雇主和行业，你的求职信要“量体裁衣”，不能以不变应万变。

（2）事先细心阅读招聘广告，搜集有关资料，针对每一项要求来撰写。

（3）自我推销，尽量突出自己的优点和长处。不要夸大其词吹嘘自己的工作能力；也无须妄自菲薄，过分谦卑，以免雇主会觉得你缺乏自信。

（4）内容要精简，直奔主题，段落要分明，条理要清晰。

（5）集中精力于具体的职业目标。

（6）提出你能为未来雇主做些什么，而不是他们为你做什么。

（7）语气诚恳，不卑不亢，表现出自信及积极的态度。

（8）注意正确的文法，切勿写错别字。

（9）不要说不着边际的大话、不要写煽情的话、不要写没有实力的空话。

（10）不应超过一页，除非你所应聘的公司索要进一步的信息。

三、撰写求职信的注意事项

手写一封求职信是目前大学生找工作过程中的常见做法，这便于引起用人单位的注意。但是，如果求职信写作不当，作用会适得其反。求职信的模板可从网上下载，但写求职信时应注意以下几点：

（一）格式规范，言简意赅

求职信的格式和一般书信的格式大致相同，由称呼、正文、结尾和落款等几个部分组成。核心内容就是：你是谁？你怎么知道目标企业的？你要申请什么职位？你了解目标企业吗？你为什么适合这个职位？（围绕职位需要的专业课程、业绩、能力、优势、特长等方面来陈述）表明希望得到面试机会的态度，注明你的联系方式。（强调最重要的信息，重视细节）

你如果知道阅信人的姓名和职务，最好将他直接写出来，比如“×经理”。如果不知道对方的具体情况，就写“尊敬的先生/女士”。在信的结尾要写一些祝福话语，并表达对面试机会的期望。

现在的求职信绝大多数是用电脑打印的，但如果你的字写得很好，也可以亲笔书写，这样不仅给人以亲切之感，还可以向用人单位展示你的特长。不管采用何种方式，行文都应该言简意赅，切忌废话连篇。篇幅不应过长，一般以 800 字以内为宜。

（二）不要“饥不择食”

有的学生临近毕业，找工作心切，于是随便找一些单位就匆匆发出求职信。这种“饥不择食”的做法，一是使收到求职信的单位没有任何准备，无法在短期内对你有所考察而将信将疑；二是你对单位也不是很了解，工作之后才发现不理想，浪费时间。

（三）避免简写引歧义

与朋友谈话时人们习惯简称自己的学校或者所修专业，但在求职中应该避免这样做。用简写词语一是显得随便、不够庄重，可能会引起读信人的反感；二是一些简称只有在特定的地方、特定的交往范围中才能被准确地理解，超出这一范围，人们可能就会不知所言，甚至产生误解。比如“中大”，在广东人们都会明白它是指中山大学，但是在广东以外的地方，很少有人明白它的意思。“人大”“华师”“政经”等词都很容易被误解，最好不用。

（四）不能“眉毛胡子一把抓”

有的求职信就像记流水账，想到哪里就写到哪里，既没有逻辑性，抓不住要领，又没有针对性，显得条理不清。这不仅体现出个人文字功力差，而且也使求职信本身失去了效用。语言表达的逻辑性、条理性、明确性是写求职信的最起码的要求。

（五）做到“适度推销”，绝不可夸大其词

在求职信中应尽量避免使用“一定”“肯定”“最好”“第一”“绝对”“完全可以”“保证”等词，以及类似“有很强的组织能力”“有很强的活动能力”之类的语句。然而，有的求职者唯恐对方不录用自己而一味地吹嘘、炫耀自己博学多才，甚至贬低别人，抬高自己，似乎不录用他，对方就会遭受不可弥补的损失。这种过度推销自己的做法是错误的。

第四节　大学生职业信用档案

职业信用档案是指一个人在工作职场中的信用记录和声誉。它是通过评估一个人在职业生涯中的表现、工作态度、职业技能和道德规范等方面来建立的。大学生职业

信用档案是指大学生在求学期间所建立的职业信用记录和声誉。它是通过评估大学生在学业、实习、社会实践、项目参与等方面的表现来建立的。大学生职业信用档案可以包括学生的学习成绩、获得的奖项和荣誉、参与的学术研究项目、在校组织担任的职务、实习和工作经验、社会服务等信息。

对于大学生而言，建立和维护良好的职业信用档案对未来的职业发展非常重要。它可以帮助雇主、招聘人员和其他职业合作伙伴评估大学生的能力、责任心和潜力。良好的职业信用档案可以增加大学生的就业机会、实习机会和提升空间，同时也有助于进入研究生院或申请奖学金等。因此，大学生应该注重培养良好的学术成绩、参与社会实践和实习、积累相关工作经验，并与导师、教授和同行建立良好的人际关系，以建立和提升自己的职业信用档案。

一、大学生职业信用档案的价值

（1）大学生职业信用档案是学校进行学生综合测评、助学贷款、奖学金评定、研究生保送、入党申请人考察、就业推荐等相关学生管理服务工作的重要参考依据。大学生尽早建立自己的职业信用档案，保持良好记录是获得奖学金、研究生保送、助学贷款、入党和就业推荐资格的最有力保证。

（2）大学生职业信用档案的延续性和连续性决定了它将会成为企业招聘人才的重要依据。大学生尽早建立自己的职业信用档案，保持在有学习的良好记录外也可以创建并完善学校无法记录的部分社会实践和教育培训等信息，以便全面真实地展示自己，提高自己的就业核心竞争力。

（3）大学生职业信用档案的真实性会改变大学生被怀疑假学历、简历不真实等企业对毕业生不信任的现状。大学生职业信用档案在其毕业后对接成本人的职业信用档案，从而取代大学生自己写的简历，作为其面试的必备工具。

（4）职业信用档案可以提高大学生获得实习和其他工作机会的可能性。有一份良好的档案可以使大学生在众多申请者中脱颖而出，令雇主对其有更大的信任和信心，增加被录用的机会。

（5）良好的职业信用档案能够塑造大学生的个人形象和声誉。它可以帮助建立一个积极正面的形象，提升自己在同学、朋友和社会中的声誉，进而为个人的品牌建立和发展奠定基础。

二、大学生职业信用报告的内容

个人档案			
个人信息			
姓　　名	胡××	学　　号	2号
民　　族	汉族	性　　别	女
出生日期	2001年05月03日	年　　龄	23
身份证号	430×××20010503××××	学习时间	2019年09月～2023年06月
院　　系	信息工程学院	班　　级	网络应用技术2班
学　　历	本科	专　　业	网络应用技术
婚姻状况	未婚	政治面貌	团员
手　　机	151××××××××	电子邮件	25××××××56@qq.com
QQ	25××××××56	MSN	
班级干部			
时间	2019年09月～2023年06月		
职务	纪检委员		
职责	1. 负责班级寝室管理的检查督促工作 2. 配合院里和系里的寝室管理检查、评比工作 3. 做好班级团体活动的安全工作		
学生会			
时间	2021年03月～2022年06月		
部门	纪律部		
职务	副部长		
职责	纪律部是学生会设立的监督机构，协助学生会做好学生干部的管理、监督及培训工作，并对全院学生的日常行为进行监督		
社团活动			
名称	“舞动心旋”假面舞会		
时间	2021年11月28日18：30～21：00		

地点	大学生活动中心
活动背景	为了提高校园文化氛围，丰富大家的课外娱乐生活，提升学生的生活品质，增强我们的综合素质，激发大家积极向上的生命热情，为同学们创造更好地交流、学习和娱乐的平台和自我展示的平台，增强院系之间的联系与交流
社会活动	
名称	我也当一回交警
目的	信息工程学院（注册）志愿者协会致力于以自身所能服务社会，提高综合素质。本着自愿的原则，积极投身于社会活动，展现大学生的风采
时间	2022 年 11 月 02 日 8：00～9：00　16：00～17：00
地点	利济十字路口（具体位置由执勤的交警指定）
活动描述	在信息工程学院（注册）志愿者协会的积极倡导下，信息工程学院共有 38 名志愿者参加了本次活动，每半个小时为一个活动时段。此次活动共分 4 个活动时段进行，每个活动时段有 10 位左右的志愿者，协助交警进行交通疏导工作
实习情况	
时间	2022 年 12 月～2023 年 05 月
公司	深圳金前程信息技术有限公司
职位名称	实施顾问
证 明 人	陈洲
认证状态	已认证
奖励信息	
标题	二等奖学金
时间	2022 年 06 月
奖励说明	综合成绩全班第三名
处分信息	
标题	记小过
时间	2021 年 06 月
处分说明	数学试卷答案给同学抄袭

结业信息	
状态	毕业（2023 年 06 月）
所获学位	学士
评语	该生思想进步，学习认真，待人真诚，性格开朗，适应能力强，知识面广，有团队精神。在担任班干部期间，对工作认真负责，有较强的组织、协调能力，遵守各项规章制度，动手能力较强。该生积极参加社会活动和社会实践，注重提高自身能力，是一名全面发展的合格大学生
证书	英语四级证书、计算机四级证书、数据库开发工程师证书

第五章　求职礼仪

学习目标

1. 了解求职礼仪。
2. 掌握面试的礼仪。

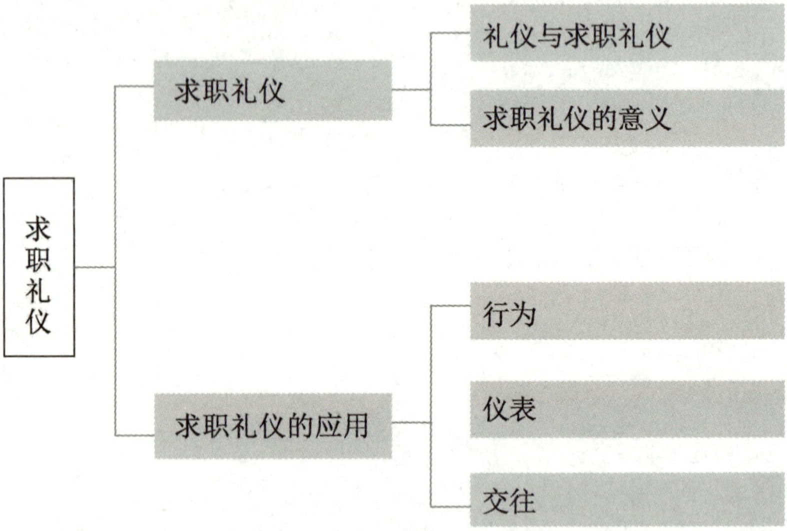

各高校对大学毕业生都要进行求职礼仪教育，目的是帮助大学生能够更好地通过面试，顺利就业。但是目前的礼仪教育较多地局限在一般社交礼仪的教育，而对求职过程中的礼仪介绍相对较少，而这正是我们应该重点了解的地方。

职场需要礼仪，礼仪事实上是为人处世的一种基本的礼节。但是求职礼仪是一种特殊的礼仪，这种礼仪与求职的过程有关。而且，在求职过程中，我们不能过多地强调技巧，因为技巧就是技巧，有时甚至是做作，对经验丰富的招聘者来说，一眼就能看出你的目的，反而会影响对你的观感。所以，我们强调学生要保持真诚、朴实、乐观、大方，把一个真实的自我展示给招聘官。

简历和求职信的主要功能就是获得面试机会，而面试则是你通往职业之路的重要一关。目前，大多数用人单位在校园招聘时，面试完即可直接决定是否录用你，只有那些有特殊需求的职业（如软件、金融等）才会增加笔试。因此，面试礼仪在求职过程中显得非常重要。

第一节　求职礼仪

求职礼仪是求职过程中不容忽视的关键要素。在求职过程中，求职者需要始终注意各种情境下的行为表现、语言和态度，并努力表现出尊重、专业、谦逊和自信的形象，以增加成功的可能性。最好在求职前进行充分的礼仪培训和准备，提高自己的求职技巧和专业精神水平，为理想的工作机会打下良好的基础。

一、礼仪与求职礼仪

（一）礼仪

礼仪是人际交往活动中形成并共同遵守的行为规范和准则。它是以一定的、约定俗成的程序和方式来表现的律己敬人的过程，涉及穿着、交往、沟通、情商等内容。从个人修养的角度来看，礼仪可以说是一个人内在修养和素质的外在表现。礼仪分为政务礼仪、商务礼仪、服务礼仪、社交礼仪、涉外礼仪等五大分支。

（二）求职礼仪

求职礼仪，是指人们在求职中应当遵循的一系列礼仪规范。学会这些礼仪规范，将使一个人的职业形象大为提高。对公司而言，礼仪是企业文化的重要组成部分，体现整个公司的人文面貌；对个人而言，良好的礼仪能够树立个人形象，体现专业化；对客户而言，享受更上层的服务，提升对整个商务过程满意度和良好感受。

求职礼仪其实也是社交礼仪的一种，一般是通过求职者的应聘资料、语言、仪态举止、仪表、着装打扮等方面体现其内在素质。学习求职礼仪就是为了“美”，为了拥有美好的形象和声誉。形象是我们的立身之本，也是赢得他人了解、理解、支持、信任的基础和条件。仅对个人而言，形象也是我们获取事业成功的一件法宝。我们要获得事业的成功，必须非常注重自己的职业形象。而我们学礼仪就是为了从某些方面提升我们的形象。尤其对于职场而言，职场礼仪更是必不可少。

二、求职礼仪的意义

（一）体现求职者的文化修养

一般来说，个体的文化水平差异会导致其对礼仪规范的认识程度和掌握范围有所不同。具体而言，文化水平较高的人往往对礼仪规范有更广泛且深入的理解。他们不仅了解礼仪的基本准则，还能准确把握各种场合下礼仪的特定要求。在招聘过程中，面试官常能通过观察求职者的礼仪表现来评估其文化素养的高低。

（二）体现求职者的道德水准

礼仪规范是一个人道德水准的外在表现，不可避免地受到道德规范的制约，是一个人心灵文明程度的反映。一个讲文明、懂礼貌、爱社会、爱集体、尊敬长者、尊重他人的人，一个具有较高道德素养的人，在他的礼仪行为中，处处体现了较高的道德素养。招聘者与求职者接触的时间较短，总体的感性了解只能从求职者的行为礼仪中探索和了解。

（三）能体现求职者的个性特征

人与人相比较，个性特征是各不相同的。招聘单位对人才的挑选，包括对求职者个性特征的了解。虽然不同岗位需要有与之相适应的个性特征者胜任，但是要求求职者具有良好的个性特征是一致的。比如是自信还是高傲、是谦虚还是自卑、是文雅还是内向等。礼仪体现着求职者个性的素质、修养和境界，有经验的招聘者往往十分注意并且能从求职者的礼仪行为中发现具有自己企业所需要的个性特征的求职者。

三、求职礼仪的作用

求职招聘中，招聘者除了重视求职者的素质外，还要了解求职者的知识、能力、经验等各方面的情况。一个求职者如果不懂得、不讲究礼仪，首先就缺乏尊重他人的前提，招聘者往往不会与其深谈，也不可能进一步了解其知识与能力等情况。一个注重求职礼仪的人，既反映了他个人的文明修养，又给人以美的享受，使人乐意与他交谈，招聘者就会有兴趣和耐心了解其各方面的情况。甚至当发现与其他应聘者相比，虽有欠缺的地方，也能给予理解、关怀和鼓励，从而使求职者事半功倍，脱颖而出，最终被录用。

一个人的礼仪素质高，在代表企业进行对外交往活动中，往往能给人留下良好的印象，促进彼此进一步的了解和交往。对别人的任何失礼行为，都显示了自己是个没礼貌的人，只会给别人留下不良的印象。如果这些失礼行为不及时纠正养成习惯，可以想象，在今后的工作交往中必然会受挫，给企业造成损失。

现在，许多企业都在建设“愉快的工作环境”，这个环境除了工作场所的安静整洁、有条不紊，还需要职员彬彬有礼、平和友爱，这样才能发挥职员的潜能，提高工作效率。所以每个求职者都应该为己、为人、为企业，不断提高自己礼仪修养，将自己培养成知书识礼的人。

第二节　求职礼仪的应用

在整个求职过程中，求职者应始终积极采取合适的求职礼仪，以展现出职业素养和专业形象。这有助于与潜在雇主建立良好的沟通和合作关系，并提高获得职位的机会。下面将从行为、仪表、交流等三个方面来阐述求职礼仪的应用。

一、行为

面试中的行为礼仪主要是指求职者在进入面试现场后的行为举止所涉及的礼仪，包括表情、站姿和坐姿。

（一）表情

人与人相识，第一印象往往是在前几秒钟形成的，而要改变它，需要付出很长时间的努力。良好的第一印象来源于人的仪表，但更重要的是取决于他的表情。微笑则是表情中最能赋予人好感，增加友善、愉悦心情的表现方式，也是人与人之间最好的一种沟通方式。一个对你微笑的人，必能体现出他的热情、修养和魅力，从而得到他人的信任和尊重。所以，当你步入面试考场的那一刻起，你就要尽量地保持微笑，微笑可以展现出你的自信、轻松，也可以帮助你拉近与面试官的距离。

（二）站姿

所谓的站姿就是“站如松”，要按学校军训的标准挺胸、直腰、抬头，微笑着目视面试官。也就是说要“站有站相”。

（三）坐姿

男士：入座时要轻，至少要坐满椅子的三分之二，后背轻靠椅背，双膝自然并拢，身体可稍向前倾，表示尊重和谦虚。千万别跷二郎腿。

女士：入座时除了注意以上男士应遵循的方法外，入座后更应保持两腿并拢，两手叠放于腿上。

二、仪表

面试的仪表礼仪主要指求职者面试时的衣着打扮。对这一问题，一般的观点是：朴素、大方、整洁、自然，尽量保持平时的习惯。当然，如果平时非常邋遢或者时尚，则需根据朴素、大方、整洁、得体的原则进行调整。

（一）根据应聘单位的性质进行相应准备

一般来说，大多数中小企业并没有特殊的仪表要求。所以对大多数求职的大学生来说，不用刻意准备求职“行头”。但是，部分外资企业、大型企业或者国家机关等可能对仪容仪表有要求，所以，在应聘这些单位时要特别注意。

案例

某校一名毕业生，应聘一家日资企业。三次面试均被拒，她百思不得其解。后来通过熟人找到面试官一问才知道，被拒的理由只有一个，面试时没涂口红！

（二）根据应聘岗位的要求进行相应准备

不同的工作岗位具有不同的工作性质，因而要根据工作性质的不同，保持相应的仪容仪表。

男士应尽量保持短发，头发要清洁、整齐，不要太新潮；求职当天必须洗头、刮胡须；精神要饱满，面带微笑；衣着应整洁、朴素、大方，衬衫和 T 恤都可以，不求名牌，但必须保持领口、袖口无污迹，上衣尽量扎入裤带；如果穿西装，则西装应该平整、清洁，上衣口袋不放物品，按要求扣扣子；西裤平整，有裤线；修剪指甲，擦洗皮鞋，保持鞋子清洁光亮。

女士应保持发型文雅、庄重，梳理整齐，不能染鲜艳的颜色；不化浓妆，面带微笑；着装大方、得体；指甲不宜过长，并保持清洁。涂指甲油时须自然色；鞋子光亮、清洁。

三、交流

面试是你求职过程中所做的信息采集工作的一部分，同样也是用人单位收集员工信息的过程。面试官的工作是选拔出优秀的员工，而求职者则需要让面试官发现你的长处，体会到你对企业的价值。

面试之前，我们要做三件事：第一，尽可能全面地了解用人单位的相关信息。第二，确定面试时间的长短，据此准备好介绍自己的时间长度，一般来说，要准备 20 分钟的自我展示时间，而且不要轻易地超过这个时间。把握好时间长度会给面试官一个好印象。第三，要相信面试官也不是万能的，他们同样也非常紧张，因为人才选拔的任务是很艰巨的。

【知识小贴士】

轻松搞定面试的 15 条黄金法则

1. 在面试过程中，坚定遵守对半原则。即一半的时间听面试官说，一半的时间自己说。调查发现，用人单位一般不会聘用不遵守对半原则的人。因为，如果你过多地谈论自己，面试官会认为你忽视组织和团队的需要；而你说得太少，面试官又会觉得你隐瞒自己的真实情况或者能力有限。

2. 在回答面试官的问题时，把时间限定在20秒至2分钟之内。

3. 想办法让面试官认为你有能力解决问题，而不是给他们制造问题。

4. 你必须明白，你在面试中的表现在面试官的眼里，就是以后你的工作态度。所以，要认真对待面试。

5. 有可能的话，要带好你的技能证明材料。

6. 面试时不要谈论你的实习单位领导的相关话题。

7. 面试前要准备5个问题的答案。

(1) 为什么参加这里的应聘?

(2) 能为单位做什么?

(3) 价值观和文化是否和用人单位一致?

(4) 你在哪方面特别突出，以致用人单位要排除其他人而录用你?

(5) 福利待遇能否满足你的要求?

这些问题是用人单位急于知道的关键问题，有时会直接问，有时则隐藏在其他的问题之中，所以你必须清楚地意识这一点，回答任何问题时，都把这几个问题考虑进去。

8. 有些问题需要你自己找出答案。

9. 面试中记住一点：面试官不会真正在意你的过去，而提问的关键在于评估你的未来。

10. 在面试过程中，你应该留意面试官提问的时间框架。时间框架一般分为以下几个阶段：很久以前、近期、目前、不久的将来、遥远的将来。面试问题的顺序从过去到将来，时间跨度越大，你的面试就越顺利。如果面试问题仅仅局限在过去，那前景就很不乐观，说明你没能打动面试官。如果面试按时间框架稳步前进，一直问到了你的将来，那么就是你询问工作具体信息的时候了。

11. 大多数人错过机会是因为它总是披着工作的外衣，这使它看起来只是工作而已。

12. 面试者经常输在细节上，而且通常在2分钟之内。

13. 每个远大的理想都随着梦想家的诞生而产生。

14. 面试结束前你应该问的几个问题：你会录用我吗？我什么时候能够得到答复？我最晚什么时候可以得到回复？到时候我如果没有接到通知是否可以联系您？

15. 最迟当晚寄感谢信。要求是：每位求职……感谢信，但大多数求职者忽视这一点。

（一）倾听礼仪

在面试过程中，主动的交谈传递出主考官需要的信息，展……的能力和风采。而“倾听”也是一种很重要的礼节。不会听，也就无法回答好主考……问题。好的交谈是建立在“倾听”基础上的。

在面试过程中，主考官的每一句话都是非常重要的，你要集中精力……地去听。要记住说话人讲话的内容重点，并了解说话人的希望所在，而不要仅仅注重……人的长相和语调。即使说话者谈话确实无聊、乏味，你也要转变自己的想法，认真……对方的谈话或多或少可以使自己受益。在聆听对方谈话时，要自然流露出敬意，这才是一个有教养、懂礼仪的人的表现。

一个好的倾听者会做到以下几点：

（1）记住说话者的名字。

（2）用目光注视说话者，保持微笑，恰当地点头。

（3）身体微微倾向说话者，表示对说话者的重视。

（4）了解说话者谈话的主要内容。

（5）适当地做出一些反应，如点头、会意地微笑、提出相关的问题。

（6）不离开对方所讲的话题，巧妙地通过应答把对方讲话的内容引向所需的方向和层次。

（二）其他礼仪

整个面试过程的时间通常只有一个小时左右，我们可以把它想象成一个舞台剧。戏里的主角是面试官和求职者，角色只有两个，但剧情是千变万化的。作为扮演求职者的一方，一定要把握求职礼仪上的分寸，不要因为过火或不到位，把“好戏”给演砸了。

1. 进门礼仪

走进房间的时候，自己的名字被喊到，就有力地答一声“是”，然后再进门。如果门关着的话，就要以里面听得见的力度敲门，听到回复后再进去。开门关门尽量要轻，向招聘方各位行过礼之地说出自己的名字。

2. 入座礼仪

在没有听到"之前，绝对不可以坐下，面试官还没有开口，就顺势把自己挂在椅子上的人扣掉了一半分数，从门口走进来的时候，也要挺起胸膛堂堂正正地走。坐下要在椅沿上轻坐，要舒服地坐进去。

3. 使用

使用夸张的敬语是一件令双方都很尴尬的事。所以，这一点在平时待人接物上要下功，如习惯于对长辈说敬语等。

4. 礼仪

知之为知之，不知为不知。在面试场上，常会遇到一些不熟悉、曾经熟悉或根本不懂的问题。面临这种情况，默不作声、回避问题是失策；牵强附会、"强不知为知之"更是拙劣，坦率承认为上策。

5. 自然自信

进入面试场地，求职者应始终面带微笑，不要过分紧张，对碰到的每个公司员工都应彬彬有礼。

6. 注意身体语言

身体语言在人际交流中起很重要的作用。大家一定遇到过面试失败的例子，分析起来，专业也对口，也没说过什么不得体的话，但是不知道输在哪里。其实，除了职场竞争激烈是主要原因外，面试时身体语言表现不当而暴露弱点也是一个重要因素。身体语言包括：说话时的目光接触、身体姿势、习惯动作、讲话时的嗓音等。

（1）目光接触。面试时，应聘者应当与主考官保持目光接触，以表示对主考官的尊重。目光接触的技巧是，盯住主考官的鼻梁处，每次 15 秒左右，然后自然地转向其他地方，例如望向主考官的手，办公桌等其他地方，然后隔 30 秒左右，又再望向主考官的双眼鼻梁处。切忌目光犹疑，躲避闪烁，这是缺乏自信的表现。

（2）身体姿势和习惯动作。在进出面试办公室时，注意进退礼仪，一定要保持昂头挺胸的姿态和饱满的精神，与人交谈时不要频繁地耸肩、手舞足蹈，左顾右盼、坐姿歪斜、晃动双腿，这都是不好的身体语言。总之，手势不宜过多，需要适时适度配合表达。

（3）讲话时的嗓音。嗓音可以看出一个人是否紧张，是否自信等，平时应多练习演讲、交谈的艺术，控制说话的语速，不要尖声尖气、声细无力，应保持音调平静、音量适中、回答简练，不带“嗯”“这个”等无关紧要的习惯语。

7. 面试结束时的礼仪

面试结束时，不论是否如你所愿被顺利录取，或者只是得到一个模棱两可的答复，你都应该对面试官抽出宝贵时间来与自己见面表示感谢，并且表示期待着有进一步面谈的机会。这样既保持了与面试官的良好关系，又表现出自己良好的沟通能力。当用人单位最后考虑人选时，能增加自己的分数。

最后，与面试官以握手方式道别时，应该把刚才坐的椅子扶正，再次致谢后出门。经过前台时，要主动与前台工作人员点头致意或说“谢谢你，再见”之类的话。

8. 面试后的礼仪

（1）感谢：为了加深招聘人员对你的印象，增加求职成功的可能性，面试后当天晚上，一般在两天内，你须给招聘人员打个电话或写封信表示谢意。感谢电话要简短，最好不要超过 5 分钟。感谢信要简洁，最好不超过一页。感谢信的开头应提及你的姓名及简单情况，然后提及面试时间，并对招聘人员表示感谢。

感谢信的中间部分要重申你对该公司、该职位的兴趣，增加一些对求职成功有用的内容，尽量修正你可能留给招聘人员的不良印象。

感谢信的结尾可以表示你对自己的素质能符合公司要求的信心，主动提供更多的材料，或表示能有机会为公司的发展壮大做出贡献。

面试后表示感谢是十分重要的，因为这不仅是礼貌之举，也会使面试官在做决定时对你有印象。

（2）不要过早打听面试结果。在一般情况下，面试官结束面试后，都要进行讨论和投票，然后送人事部门汇总，最后确定录用人选，可能要等 3 至 5 天。求职者在这段时间内一定要耐心等候消息，不要过早打听面试结果。

（3）查询结果。一般来说，你如果在面试两周后或在面试官许诺的通知时间到了以后，还没有收到对方的答复时，就应该写信或打电话给招聘单位或面试官，询问是否有结果。

（三）求职礼仪自我检视清单

求职礼仪的自我检视清单详见表 5-1。

表 5-1　求职礼仪自我检视清单

面试前的礼仪	（1）头发干净自然，如有染发则注意颜色和发型不可太标新立异 （2）服饰大方，整齐合身 （3）面试前一天修剪指甲，忌涂指甲油 （4）不要佩戴标新立异的装饰物 （5）选择平时习惯穿的皮鞋，出门办事前一定要擦拭清洁
面试过程的礼仪	（1）任何情况下都要记得进门先敲门 （2）待人态度从容，有礼貌 （3）眼睛平视，面带微笑 （4）说话清晰，音量适中 （5）神情专注，切忌边说话边整理头发 （6）手势不宜过多，需要时适度配合
面试结束时的礼仪	（1）礼貌地与主考官握手并致谢 （2）轻声起立并将座椅轻轻推至原位置 （3）出公司大门时对接待人员表示感谢

第六章　面试与笔试

学习目标

1. 掌握面试的技巧，了解面试的常见问题。
2. 掌握笔试的技巧，了解笔试的注意事项。

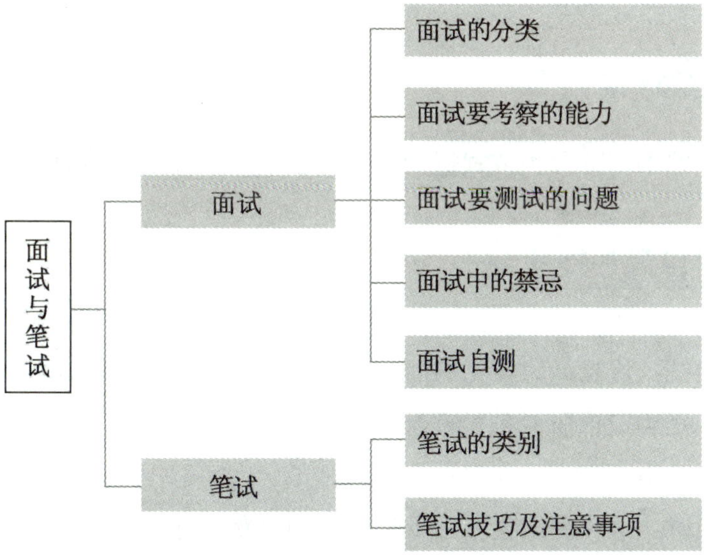

面试与笔试是招聘单位经常使用的考核方法，目的是进一步了解被测试者的知识、技能和素质。面试几乎是每个企业在招聘员工时都会使用的方法，而笔试只是少数对专业技能要求相对较高的企业才使用。

第一节　面试

面试是指由雇主或招聘机构与求职者进行的一种交流方式，旨在评估求职者的能力、技能、经验和适应性，以确定他们是否适合特定的工作岗位。面试通常是在招聘过程的中间或后期进行，是雇主从候选人中选择最合适的人选的重要环节之一。通过面试，雇主可以更深入地了解求职者，对他们的能力进行评估，与他们交流并验证他们在简历或申请表中提供的信息。同时，面试也提供了一个机会，使求职者了解更多有关公司文化、工作环境和工作职责的信息，并与潜在雇主建立联系。

一、面试的分类

面试可以按照不同的分类方式进行分类，以下是一些常见的面试分类。

（一）根据目的和性质分类

（1）招聘面试：这是最为常见的面试类型，用于雇主与求职者之间的沟通与评估。招聘面试的目的是确定求职者是否符合公司岗位的要求，了解其技能、经验和适应能力。招聘面试通常由招聘人员或雇主主导。

（2）学术面试：这种面试主要用于学术机构（如大学、研究机构）的招聘或升学目的。学术面试通常会评估求职者的学术背景、研究兴趣、个人素质和适应能力。评审小组通常由学术界的专家和教授组成。

（3）绩效评估面试：这种面试类型用于评估现有员工或实习生等在工作中的表现和工作能力。绩效评估面试可以帮助雇主确定员工的绩效水平，识别其潜力和发展需求。

（4）学生面试：这种面试主要应用于学生申请入读学校、奖学金或学生组织的过程中。学生面试的目的是评估学生的能力、学术兴趣、领导潜力、个人特质等。

（5）咨询面试：某些行业（如管理咨询）常用的面试类型，用于评估求职者的分析思维、解决问题的能力、沟通技巧和商业洞察力等。咨询面试通常包含案例分析和行为面试等环节。

（二）根据形式和方式分类

（1）个人面试：这是最常见和传统的面试形式，雇主与求职者一对一进行面试。个人面试通常是面试官和求职者之间的直接交流，可以更深入地了解求职者的背景、能力和适应性。

（2）同组面试：在同组面试中，多个求职者同时接受面试，与其他求职者竞争。这种形式的面试能够让雇主更好地比较不同求职者之间的优劣，并观察他们在团队环境中的表现和相互配合能力。

（3）面板面试：面板面试也被称为团队面试，是由多位面试官组成的面试小组进行的面试形式。不同的面试官可以从不同的角度评估求职者，提供更全面的评估。面板面试常用于招聘高级职位或需要多个部门参与决策的情况。

（4）视频面试：随着远程工作的普及，视频面试越来越流行。在视频面试中，面试官和求职者通过视频通话或视频会议软件进行面试。视频面试具有时间和地点的灵活性，便于面试方在不同地点进行交流。

（5）群面试：群面试是一种特殊的面试形式，多个求职者同时参与一个或多个面试官的面试。这种形式的面试主要用于评估求职者在大型团队环境中的沟通和协作能力。

（三）根据内容和技能分类

（1）技术面试：技术面试主要评估求职者在特定领域的技术知识和技能。这种面试通常在技术岗位上进行，例如软件开发、数据分析、网络工程等。技术面试涉及具体的技术问题、编码能力测试和解决实际或理论问题等。

（2）行为面试：行为面试侧重于评估求职者的行为和处理问题的方式。这种面试主要关注求职者的个人素质、沟通能力、解决问题的能力和适应性等。行为面试可能会提问关于过去经历和实际情境的问题，以便评估求职者在工作中的表现。

（3）经验面试：经验面试主要着重于评估求职者的工作经验和项目经历。通过询问求职者在过去的工作中所承担的角色、项目的细节和成就等，评估其在相关领域的实际经验和能力。

（4）情境面试：情境面试是通过将求职者置于特定场景或情境中，评估其在现实工作环境中应对问题和决策的能力。情境面试可以通过现场模拟、角色扮演或案例分析等方式进行。

（5）测试面试：测试面试主要用于评估求职者的特定技能、知识或能力。这种面试形式可以包括书面测试、技能测试、语言测试、数学能力测试等。

（四）根据时间和步骤分类

（1）初步筛选面试：这是面试的第一轮，旨在初步筛选求职者是否符合基本要求。初步筛选面试通常是通过电话或在线交流进行，包括简要介绍、核实基本信息和初步评估求职者的技能和经验。

（2）一对一面试：一对一面试是面试官与求职者直接交流的形式。在这种面试中，面试官会提问关于求职者的背景、技能和适应能力等方面的问题。这种面试形式可以更深入地评估求职者的能力和匹配度。

（3）多轮面试：多轮面试是指通过面试的多个阶段或回合来评估求职者。这种面试形式可以涵盖不同的内容和目标，并且可能包括与不同面试官或团队的交流。多轮面试常用于招聘竞争激烈或高级职位的情况。

（4）最终面试：最终面试是面试的最后一轮，用于评估最有竞争力的候选人。在最终面试中，求职者可能会与高级管理层或公司决策者会面，以确定最佳人选。

需要注意的是，每个面试过程可能因公司、行业和职位的不同而有所不同。有些面试过程可能会结合多种形式和步骤来评估求职者的能力和匹配度。面试者需要根据特定面试过程的要求进行准备并了解各个步骤的目的和要求。

二、面试要考察的能力

（一）技术技能

这是根据所应聘职位的要求评估的。包括专业知识、技能和工具、学习能力。技术能力是在面试中最常被考察的能力之一，以下是一些常见的技术能力，根据不同行业和职位可能会有所不同。

1. 专业知识

掌握相关领域的基本概念、理论和原则。这包括具体的编程语言、软件开发流程、数据库管理、网络安全等。

2. 技能和工具

具备特定职位需要的技能和工具的熟练程度。例如，对于软件开发职位，可能需要掌握特定的编程语言、开发框架和版本控制工具。

3. 学习能力

技术行业的发展速度很快，面试官希望找到一个具备快速学习新技术的能力，能够持续学习并适应新的技术趋势。

在面试中，你可能会被要求展示你的技术项目经验、解决问题的能力、对行业趋势的了解和如何持续学习的能力。准备时，你可以回顾自己在过去的项目中取得的成就和技术挑战，并准备好故事和案例来说明你的技术能力。

（二）沟通能力

包括口头和书面沟通能力。面试官会关注你的表达能力、沟通清晰度、表达思想和观点的能力，以及与他人有效地交流的能力。以下是一些展示你良好沟通能力的方法。

1. 清晰表达

当面试官提出问题时，你需要清晰、简洁、有条理地回答。回答问题时，先思考几秒钟，确定自己要说的内容，以免跑题或漏掉重点。

2. 倾听能力

好的沟通是双向的，需要倾听对方的问题和关注点。认真倾听并理解面试官的问题，确保你对问题有充分的理解后，再给予回答。

3. 表达方式

在面试中，你需要展示出你的表达方式是专业和礼貌的，避免口头语、缩略语和行业术语使得面试官难以理解你的回答。同时，注意语气过于强势或过于谦逊都会影响面试官对你的评价。

4. 非言语沟通能力

面试不仅只是面对面的谈话，还包括你的肢体语言和面部表情。良好的非言语沟通包括自信、微笑、保持适度的眼神接触以及姿态的端正。

5. 提问能力

面试时，不仅要妥善回答面试官的问题，还需掌握提出问题的技巧。在面试流程中，可以进一步获取有关公司文化、组织架构及职位详情的信息。准备充分的问题，不仅能彰显你对公司的浓厚兴趣，还能体现你的积极主动的态度。此外，在面试过程中，除了回答问题外，你还可以通过各种方式展现你的沟通能力，比如展示你在面对挑战时的沟通技巧、分享你解决问题的策略，以及你提炼关键信息的能力。

（三）团队合作能力

面试官想要了解你是否能够与他人协作，共同实现团队目标。能够合作、倾听和提供帮助是一个好的团队合作者的关键指标。以下是一些展示团队合作能力的方法。

1. 合作态度

在面试中，展示你积极的合作态度，愿意与他人协作并取得共同的目标。强调你乐于与他人合作，愿意分享知识和经验，并愿意为团队的成功做出贡献。

2. 有效沟通

良好的团队合作需要有效的沟通。展示你清晰、明确和适时的沟通能力，能够与团队成员和领导者有效地交流和共享信息。

3. 倾听和尊重他人

作为一个团队成员，倾听和尊重别人的意见和观点是至关重要的。展示你能够尊重他人的想法和贡献，并能够适应和理解不同的意见和观点。

4. 分工合作

展示你能够在团队中合理分配任务和责任，根据组员的能力和专长来做出决策。能够合作地完成团队任务，并确保及时沟通和协调。

5. 解决冲突能力

团队中难免会出现意见不合、冲突和问题。展示你解决冲突的技巧和能力，能够以积极的方式解决问题，并与他人保持良好的合作关系。

6. 贡献团队成功

强调你在以往的团队项目中的具体贡献和成就。展示你如何与团队成员紧密合作，通过分享知识、提供帮助和积极参与解决问题来推动团队的成功。

在面试中，你可以通过分享以往参与的团队项目经验、解决过的团队问题、你在团队合作中扮演的角色等方式来展示你的团队合作能力。重要的是要强调你是一个有团队意识和合作精神的候选人。

（四）领导能力

这是指你是否具备领导他人的能力。面试官可能会询问你在过去是否担任过领导职位，以及你如何激励他人、解决问题和取得成果。领导能力是在面试中非常重要的一个能力。以下是一些展示领导能力的方法。

1. 沟通与影响力

展示你具备良好的沟通和影响他人的能力。能够清晰、准确地传达信息，并能够以积极的方式影响团队成员，激励他们参与和付出。

2. 战略思维与决策能力

展示你具备战略思维和决策能力来解决问题和制定明智的决策。能够分析并理解复杂的情况，提出合适的解决方案，并能够在压力下做出迅速而明智的决策。

3. 团队建设

展示你具备团队建设的能力，能够识别和发展团队成员的潜力，激励和引导他们实现个人和团队目标。能够建立积极向上的团队文化，提高团队的凝聚力和效能。

4. 目标设定与管理

展示你具备设定和管理目标的能力。能够制定明确的目标，并能够跟踪、评估和反馈团队成员的进展。能够合理分配资源，确保任务按时高质量完成。

5. 培养他人

展示你具备培养和发展他人的能力。能够识别他人的潜力和需求，并给予适当的指导、培训和支持。能够建立积极的反馈机制，帮助团队成员成长和提升。

6. 自我管理

展示你具备自我管理和领导的能力。能够有效管理时间、优先级和资源，保持高效率和高质量的工作。拥有积极的工作态度和艰苦奋斗精神，能够激励他人效仿。

在面试中，你可以通过分享以往领导团队的经验和成就，解决过的领导挑战，你在团队中的角色和责任等方式来展示你的领导能力。强调你的领导风格、团队成果和你与团队成员的关系和互动，以及你如何追求卓越和持续改进等方面。准备时，你可以思考一些具体的案例和故事来支持你的论述。

（五）解决问题能力

面试官希望找到能够识别、分析和解决问题的人。他们可能会问你过去遇到的挑战和你是如何解决的。解决问题能力是在面试中一项非常重要的能力。以下是一些展示解决问题能力的方法。

1. 思考清晰

当你面对问题时，先花一些时间思考问题。明确问题的关键点，理解问题的本质，然后开始考虑解决问题的各种办法。

2. 创造性思维

在面试中，展示你具备创造性思维，能够从不同的角度来考虑问题，并能够提出创新的解决方案。用数据、实例或其他可行的方法支持你的解决方案。

3. 分析和解决问题

展示你具备分析和解决问题的能力，能够迅速识别问题并找到解决方案，使解决问题的过程简单、高效。展示你具备清晰、系统化思维的能力，能够识别、分类和优先解决问题。

4. 前瞻思维

展示你具备展望未来和防范潜在问题的能力。强调你能够识别和解决问题，以及提出预防措施，防止潜在的问题变成更大的问题。

在面试中，你可以通过分享以往解决过的问题的经验和成就等方面来展示你的解决问题能力，同时展示你具备具体的解决问题方法和技巧，如问题分析、假设推断、案例和数据分析等方法。重要的是，强调你的主动性，即你如何在遇到问题时采取行动，并向面试官证明你是一个具有解决问题能力的积极主动者。

（六）自我管理能力

面试官希望找到一个能够有效管理自己的人，能够自我激励和按时完成任务。自我管理能力是指个人能够有效地组织和管理自己的时间、任务和资源，以达到个人和组织的目标。以下是一些展示自我管理能力的方法。

1. 时间管理

展示你能够有效地安排和管理时间，合理分配时间来完成任务和处理优先事项。强调你如何设置目标和计划，使用时间管理工具和技巧，遵守时间约束，并能够处理紧急情况和优化工作流程。

2. 目标设定与优先级管理

展示你具备设定明确目标，并能够确定和管理优先级的能力。强调你如何制定具体、可衡量和可实现的目标，并通过有效的优先级管理来确保任务的完成。

3. 自我激励与坚韧性

展示你具备自我激励和坚韧的能力。能够自我激励，保持积极的工作态度，并坚持不懈地追求目标。展示你过去如何面对挑战和压力，并用积极的心态克服困难。

4. 建立工作计划和执行力

展示你具备建立有效的工作计划和执行力的能力。能够制定详细的工作计划，将任务分解为可管理的步骤，并且能够按计划地执行工作。

5. 自我反馈与改进

展示你具备自我反馈和改进的能力。强调你具备反思的能力，能够识别自己的强项和改进的领域，并采取积极的行动来提升自己的表现。

6. 紧急情况管理

展示你具备在紧急情况下冷静应对和管理的能力。能够在压力下保持冷静，并有效地解决问题和做出决策。

在面试中，你可以通过分享以往成功管理时间和任务的经验，以及具体的自我管理策略和技巧来展示你的自我管理能力。同时，强调你具备自我驱动力、组织能力和决策能力等方面。记得要准备一些具体的案例和故事来支持你的论述。

（七）灵活性和适应能力

面试官可能会考查你在面对变化和压力时的反应。他们希望找到一个能够适应新环境、快速调整和提出解决方案的人。灵活性和适应能力是在现代职场中非常重要的能力，以下是一些展示灵活性和适应能力的方法。

1. 快速学习和适应新环境

展示你具备快速学习和适应新环境的能力。强调你过去如何在新工作、新项目或新团队中快速学习和适应，并能够迅速上手并做出贡献。

2. 变通和解决问题

展示你具备灵活性，能够变通并解决问题。强调你如何在不确定的情况下灵活应对，寻找创新的解决方案，并能够适应变化和调整策略。

3. 跨团队合作

展示你具备跨团队合作的能力。强调你在不同团队和合作伙伴之间建立良好的关系，能够灵活合作，理解和尊重不同的工作方式和文化。

4. 适应性领导

展示你具备适应性领导的能力。能够根据不同的情况和团队的需求，采用不同的领导风格和方法。能够调整自己的沟通方式和决策方式，以促进团队的发展和高效工作。

5. 心理弹性

展示你具备心理弹性，能够应对挫折和压力。强调你如何保持积极的心态，并能够从失败和挫折中学习和成长。

6. 主动反馈与改进

展示你具备接受反馈和改进的能力。强调你如何寻求和接受他人的反馈，并能够积极地调整和改进自己的表现。

在面试中，你可以通过分享以往适应新环境和解决问题的经验或者具体的例子来展示你的灵活性和适应能力。强调你的主动性、积极性和灵活性，并强调你在逆境中如何展现出自己的适应能力。

（八）创新能力

面试官希望找到能够提出创新和改进的思路的人。他们可能会询问你过去的创新经历和解决方案。创新能力是指个人能够产生新创意、开发新产品、推动新技术的应用，并为组织带来商业价值。以下是一些展示创新能力的方法。

1. 发现机会

展示你具备发现机会的能力。能够注意周围的环境、市场和行业趋势，并能够识别出新的机会和发展趋势。能够提出新创意和概念，并能够通过研究和分析领域知识来支持这些想法。

2. 创新思维

展示你具备创新思维的能力。能够从不同角度看问题，提出具有创新性的解决方案，并能够通过实验和验证来确保其可行性。能够融合和整合不同的领域知识，以创造出新的思维模式和概念。

3. 技术专长

展示你具备技术专长。能够了解并掌握最新的技术和工具，并将其应用到具体的工作和项目中。能够评估技术风险和机会，并能够根据需求和项目结构来做出技术决策。

在面试中，你可以通过分享以往成功创新的案例、具体的产品和工作经验来展示你的创新能力。强调你的创造力、分析和解决问题能力、领导能力和技术专长。同时，强调你的开放性、好奇心，展示你如何积极探索创新思想并将其应用到具体的工作中。

三、面试要测试的问题

（一）问题一：请你自我介绍

常规思路：①介绍内容要与个人简历相一致；②表述方式上尽量口语化；③要切中要害，不谈无关、无用的内容；④条理要清晰，层次要分明；⑤事先最好以文字的形式写好背熟。

点评：在回答这个问题的时候一定要想好细节，考官在这个时候一般都会追问几个细节。一般编造的简历和经历在这个过程中都会“穿帮”。

（二）问题二：谈谈你的家庭情况

常规思路：①对于了解应聘者的性格、观念、心态等有一定的作用，这是招聘公司提问的主要原因；②简单地罗列家庭人口；③宜强调温馨和睦的家庭氛围；④宜强调父母对自己教育的重视；⑤宜强调各位家庭成员的良好状况；⑥宜强调家庭成员对自己工作的支持；⑦宜强调自己对家庭的责任感。

点评：这个问题一般公司很少问，因为毕竟牵涉到个人隐私。国企和部分民营企业喜欢问，主要是了解社会关系。

（三）问题三：你有什么业余爱好？

常规思路：①业余爱好能在一定程度上反映应聘者的性格、观念、心态，这是招聘单位提问的主要原因；②最好不要说自己没有业余爱好；③不要说自己有哪些庸俗的、令人感觉不好的爱好；④最好不要说自己仅限于读书、听音乐、上网，否则可能令面试官怀疑应聘者性格孤僻；⑤最好能有一些户外的业余爱好来“点缀”你的形象。

点评：这个问题在面试大学生时提问的概率高些。如果在面试有工作经验人士的时候，提这样的问题主要目的是消除紧张感，使对方放松，这个问题本身没有什么特别意义。

（四）问题四：你最崇拜谁？

常规思路：①最崇拜的人能在一定程度上反映应聘者的性格、观念、心态，这是面试官的主要目的；②不宜说自己谁都不崇拜；③不宜说崇拜自己；④不宜说崇拜一个虚幻的，或是不知名的人；⑤不宜说崇拜一个明显具有负面形象的人；⑥所崇拜的人最好与自己所应聘的工作能“搭”上关系；⑦最好说出自己所崇拜的人的哪些品质、哪些思想感染着自己、鼓舞着自己。

点评：这个也最多是面试应届生时候的问题，对经验人士从来不用，否则会显得考官比较傻。

（五）问题五：你的座右铭是什么？

常规思路：①座右铭能在一定程度上反映应聘者的性格，这是面试官问这个问题的主要原因；②不宜说那些易引起不好联想的座右铭；③不宜说那些太抽象的座右铭；④不宜说太长的座右铭；⑤座右铭最好能反映出自己某种优秀品质；⑥比如“只为成功找方法，不为失败找借口”。

点评：此问题一般只会问应届毕业生，目的是缓解紧张气氛。

（六）问题六：谈谈你的缺点

常规思路：①不宜说自己没缺点；②不宜把那些明显的优点说成缺点；③不宜说出严重影响所应聘职位的缺点；④不宜说出令人不放心、不舒服的缺点；⑤可以说出一些对于所应聘职位“无关紧要”的缺点，甚至是一些表面上看似“缺点”，从工作的角度看却是优点的“缺点”。

点评：这个问题是各种教人面试技巧中最“害人”的。考官问这个问题，是想测试一个人的成熟度、对自己的判断和学习改进能力。说出自己有什么缺点，其实一点都不重要。

（七）问题七：谈一谈你的一次失败经历

常规思路：①不宜说自己没有失败的经历；②不宜把那些明显的成功说成是失败；③不宜说出严重影响所应聘职位的失败经历；④所谈经历的结果应是失败的；⑤宜说明失败之前自己曾信心百倍、尽心尽力；⑥说明仅仅是由于外在客观原因导致失败；⑦失败后自己很快振作起来，以更加饱满的热情面对以后的工作。

点评：上面所谓的经典思路，在这个问题上又一次误判了考官的目的。考官在问这个问题的时候，他的目的仅仅是想知道你做事的手法，而并不是想知道你失败的事情。这个问题会经常变为你成功的经历、工作中最难忘的一件事等。考官一般在这个时候会重点了解三个方面，当时的背景和资源、应聘者处理事情的手法、应聘者当时反思的结果。通过这三点了解一个人的做事手法和学习能力。

（八）问题八：你为什么选择我们公司？

常规思路：①面试官试图从中了解你求职的动机、愿望以及对此项工作的态度；②建议从行业、企业和岗位这三个角度来回答；③比如“我十分看好贵公司所在的行业，我认为贵公司十分重视人才，而且这项工作很适合我，相信自己一定能做好。”

点评：如果有人问此问题按照思路作答即可。

（九）问题九：对这项工作，你有哪些可预见的困难？

常规思路：①不宜直接说出具体的困难，否则可能令对方怀疑应聘者能力不足；②可以尝试迂回战术，说出应聘者对困难所持有的态度——“工作中出现一些困难是正常的，也是难免的，但是只要有坚韧不拔的毅力、良好的合作精神以及事前周密而充分的准备，任何困难都是可以克服。”

点评：一般问这个问题，面试者的希望就比较大了，因为已经在谈工作细节。但常规思路中的回答，又被面试官“骗”了。当面试官询问这个问题的时候，有两个目的。第一，看看应聘者是不是在行，说出的困难是不是在这个职位中一般都不可避免的问题。第二，是想看一下应聘者解决困难的手法对不对，及公司能否提供这样的资源，而不是想了解应聘者对困难的态度。

（十）问题十：如果我录用你，你将怎样开展工作？

常规思路：①如果应聘者对于应聘的职位缺乏足够的了解，最好不要直接说出自己开展工作的具体办法；②可以尝试采用迂回战术来回答，如“首先听取领导的指示和要求，然后就有关情况进行了解和熟悉，接下来制定一份近期的工作计划并报领导批准，最后根据计划开展工作。”

点评：这个问题的主要目的是了解应聘者对工作是否有计划性、条理性，而且面试官主要想知道细节。如果应聘者使用思路中所讲的迂回战术，面试官会认为应聘者在回避问题，如果引导了几次仍然是回避的话，录用应聘者的机会不大。

（十一）问题十一：与上级意见不一时，你将怎么办？

常规思路：①一般可以这样回答：“我会给上级以必要的解释和提醒，在这种情况下，我会服从上级的意见。”②如果面试你的是总经理，而你所应聘的职位另有一位经理，且这位经理当时不在场，可以这样回答：“对于非原则性问题，我会服从上级的意见，对于涉及公司利益的重大问题，我希望能向更高层领导反映。”

点评：这个问题的标准答案是思路①，如果用②的回答，肯定会被拒绝。你没有摸清楚该公司的内部情况，先想打小报告，这样的人没有人敢录用。

（十二）问题十二：我们为什么要录用你？

常规思路：①应聘者最好站在招聘公司的角度来回答；②招聘公司一般会录用这样的应聘者：基本符合条件、对这份工作感兴趣、有足够的信心；③如“我符合贵公司的招聘条件，凭我目前掌握的技能、高度的责任感和良好的适应能力及学习能力，完全能胜任这份工作。我十分希望能为贵公司服务，如果贵公司给我这个机会，我一定能成为贵公司的栋梁！”

点评：按以上思路回答即可。

（十三）问题十三：你是应届毕业生，缺乏经验，如何能胜任这项工作？

常规思路：①如果招聘单位对应届毕业生的应聘者提出这个问题，说明招聘公司并不真正在乎“经验”，关键看应聘者怎样回答；②对这个问题的回答最好要体现出应聘者的诚恳、机智、果敢及敬业；③如“作为应届毕业生，在工作经验方面的确会有所欠缺，因此在读书期间我一直利用各种机会在这个行业里做兼职。我也发现，实际工作远比书本知识丰富、复杂。但我有较强的责任心、适应能力和学习能力，而且比较勤奋，所以在兼职中均能圆满完成各项工作，从中获取的经验也令我受益匪浅。请贵公司放心，学校所学及兼职的工作经验使我一定能胜任这个职位。”

点评：以上思路中的答案尚可。可以突出自己的吃苦能力和适应性以及学习能力（不是学习成绩）。

（十四）问题十四：你希望与什么样的上级共事？

常规思路：①通过应聘者对上级的“希望”可以判断出应聘者对自我要求的意识，这既是一个陷阱，又是一次机会；②最好回避对上级具体的希望，多谈对自己的要求；③如“作为刚步入社会的新人，我应该多要求自己尽快熟悉环境、适应环境，而不应该对环境提出什么要求，只要能发挥我的专长就可以了。”

点评：这个问题比较好的回答是，“希望我的上级能够在工作中对我多指导，对我工作中的错误能够立即指出。”总之，从上级指导这个方面谈，不会有大的纰漏。

【知识小贴士】

面试时十个可反问主考官的问题

在面试结束前，大多数的主考官都会丢问题给求职者，最常见的就是：“你有没有什么问题或疑问，想要提出来的?”无论求职者是否提出问题，其实，这个问题背后的真正含意通常是主考官用来测试你对这份工作有多大的企图心、决心和热情。

因此，如果你害怕发问不妥当，或是不知道该从何问起，甚至回答没有问题时，都可能会让主考官认为，你想要这份工作的企图心、决心还不够强。

相反的，求职者应该更积极、主动地利用面试最后一关的机会，适时地提出问题，这不但有助于主考官加深对你的印象，而且你也能趁此机会进一步了解这家公司的背景、企业文化是否适合你。

最重要的是，如果能够在面试时提出漂亮的问题，被录取的概率将会大大提高。所以，无论如何，前往面试前，先谨记 10 个可以反问主考官的问题，以便到时候可以提出。

(1) 贵公司对这项职务的工作内容和期望目标是什么？有没有什么是我可以努力的地方?

(2) 贵公司是否有正式或非正式的教育训练?

(3) 贵公司的晋升渠道如何?

(4) 贵公司的多角化经营，而且在海内外都设有分公司，将来是否有外派、轮调的机会?

(5) 贵公司能超越同行业的最大利基点是什么?

(6) 在项目的执行分工上，是否有资深的人员能够带领新进者，并让新进者有发挥的机会?

(7) 贵公司强调的团队合作中，其他的成员素质和特性如何?

(8) 贵公司是否鼓励在职进修？对于在职进修的补助办法如何?

(9) 贵公司在人事上的规定和做法如何?

(10) 能否为我介绍一下工作环境，或者是否有机会能参观一下贵公司?

至于薪水待遇、年假天数、年终奖金、福利措施等问题，有些公司的主考官在面试时，会直接向求职者提出。如果对方没有提及，对社会新鲜人来说，在找第一份工作时，不适合提出。

四、面试中的禁忌

（1）忌冷场；

（2）忌与面试官套近乎；

（3）不要戴有色眼镜看人；

（4）忌夸夸其谈而不能举出实例；

（5）忌答题时不诚实或者躲躲闪闪；

（6）忌抨击他人；

（7）忌不善提问；

（8）忌无职业发展目标；

（9）忌自认完美，要坦诚自己的不足；

（10）忌自作聪明，提出违规违纪的建议；

（11）忌主动打探薪酬福利；

（12）忌不知如何收场。

案例

压力问题险失上海大众

人物姓名：Sea　　学校：××大学

专业：机械工程设计制造与自动化

大众的第一场面试比较轻松。考官给了我一个很空的题目——用英语展望一下20年后的汽车行业。范围这么大，本来就比较难谈，更别说用英语了。我想还是找个切入口，选了环保和能源这个角度谈未来汽车业的发展趋势。

大众的第二场面试，还是有些惊险的。考官给了我这样一个假设："你是大众的一名老员工，某天你突然发现3年前你参与的一个项目设计存在隐患，你会怎么办？"我当然回答，把情况如实汇报给我的上级，然后赶紧想办法弥补。

考官又问："假如你的上级认为时过境迁，就不要揭过去的短，小事化了，你会怎么办?”我只好回答:“如果这个错误影响到行车安全,那么我会汇报上司采取行动,他反对的话,我就只有向生产安全或者其他部门汇报。”

“你这是越级汇报!”一听考官的结论,我就很担心,觉得他是否定我的看法。我只有稍稍调整态度,解释:“作为领导,我的上司一定比我懂得多,如果他认为这个错误无伤大雅,那么我就听他的。但是,如果的确是安全隐患,我会坚持。”

考官还不满意,继续追问:“如果上司一直坚持,就是说算了,你该怎么办?”对方接二连三地坚持问,我有点搞不清她的态度,有点动摇,是不是该说就听领导的?但是,想到大众的品牌口碑,我还是坚持安全隐患不能放的底线。

后来我想,考官一个劲三番五次追问我,未必就是看我选择听老板还是坚持己见,更多的或许是观察我的抗压能力,看我在强大压力下的反应和表现。

大众第三场面试:大众采取的是外企较流行的小组讨论形式。不同于别人讨论商业案例,现在大众讨论的是“逃生”问题。8 个人一组,30 分钟,在一个房间,3 个考官在边上观察。我们小组的情景是:2×××年 11 月×日,我们 8 人乘坐的飞机失事,8 个来自不同国家的人侥幸活了下来,但身在荒岛。我们身边可利用的东西有 12 样:瑞士军刀、面包、塑料布、绳子、打火机、药品、指南针、镜子、一本德法字典等(还有几样东西已经记不太清楚)。要求是小组讨论后,将 12 样东西按照重要程度排序,并给出理由。

我知道小组讨论考官看的是你是否有思路有想法。所以,我首先提议大家先花 5 分钟,自己列表,然后讨论。讨论的时候,我发现大家都是一样一样列。我觉得这样很难把排序的理由说清楚。我想到的办法是将 12 样物品分类,分成 3 大类:基本的生存必需品、向外求救的物品、帮助我们逃离荒岛的自救物品。大家对我分类的提议和 3 个类别表示赞同。继而进一步讨论 12 件物品该如何归入 3 类。集思广益的结果比我预先的分类好。例如,镜子,小组成员提出可以归入向外求救,因为可以利用反光。最后的总结发言是我做的。这次表现,我自认为还是很不错的。事实证明,最后我们组 8 个人留下了 3 个,其中我在内。

五、面试自测

面试之后,回想一下自己的表现如何,回答下面的 10 个问题,可以大致测验自己面试成功率有多大。方法：回答时用 1～10 来代表你曾做到的程度，每题最高分 10 分，总共 10 道题，总分 100 分，得分越高，说明成功的可能性越大。假如得分不理想，则说明需要不断提高自己的能力和面试技巧。

(1) 我是否尽可能地让自己的外表看起来舒服？

(2) 面谈后我对这家公司的了解与先前的了解，相符合的程度有多大？

(3) 我在面试时是否保持轻松状态并对自己控制自如？

(4) 我在回答问题时，是否在强调三件事：我的能力、我的意愿与我对工作的适应性？

(5) 我是否一直在专心聆听面试官说话？

(6) 我是否能将问题引导到我想强调的重点上？

(7) 我在察言观色方面做得如何？

(8) 面试官对我的回答是否引起兴趣并积极参与？

(9) 我是否将回答的内容加以修正，以配合面试官个人的调查？

(10) 我是否将自己的能力和优点精确并正面地描述出来？

第二节　笔试

笔试是用于考查应聘者在特定领域内知识、技能、能力或素质等方面的一种应试形式。笔试通常采用书面方式，要求应聘者在规定时间内回答一定数量的问题或完成一些题目。笔试一般是企业招聘流程的重要组成部分之一，旨在筛选出最适合招聘岗位的人选。笔试具有量化、标准化、对比化等特点，能够系统地评估应聘者的综合素质和能力，因此在招聘流程中被广泛采用。同时，面试和笔试相结合也是一个更全面、更科学、更客观的人才选拔方式。

一、笔试的类别

（一）知识测试

这种笔试主要是考察对特定领域知识的理解和掌握程度，如专业知识、学科知识或技术知识。

（二）逻辑推理

这类笔试主要考察候选人的逻辑思维能力和解决问题的能力，包括数学问题、图像推理、逻辑题等。

（三）文章阅读与理解

这种笔试主要考察候选人对文章或文本材料的理解和分析能力，要求候选人阅读、解读和回答相关问题。

（四）英语能力测试

对英语口语、听力、阅读和写作能力进行测试，特别适用于需要英语沟通的工作或国际化环境。

（五）职业素养与行为测试

考察候选人的职业素养和行为，包括沟通能力、领导力、团队合作能力、决策能力和问题解决能力等方面。

（六）情景模拟与案例分析

通过真实或虚拟场景模拟，考察候选人在特定情况下的应对能力和决策能力。

这只是一小部分例子，具体的笔试类别可能因招聘岗位、企业需求和行业特点而有所不同。在实际的笔试流程中，常常会结合多个类别进行综合考察。

二、笔试技巧及注意事项

（1）除携带必备的证件外，一些考试必备的文具也要准备齐全。

（2）科学答卷。拿到试卷后，首先应通览一遍，以便了解哪些题目必做，哪些题目选做以及题目的多少和难易程度，根据先易后难的原则排出答题顺序。遇到较大的综合题或论述题，应先列提纲，再逐条论述。

（3）答卷要做到字迹端正，卷面整洁。因为求职笔试不等于其他专业考试，招聘单位往往从卷面上联想应聘者的思想、品质、作风，字迹潦草、卷面不整的人，招聘单位先不看你答的内容，单从你的卷面就觉得你不可靠；那些字迹端正、答题一丝不苟的人，招聘单位则认为你态度认真、作风细致，对你更加青睐。

第七章　离校程序

学习目标

1. 了解大学生离校、报到和就业手续的办理流程。
2. 懂得依法保护自己的合法权益。
3. 学会守法履约，懂得依法承担法律责任。

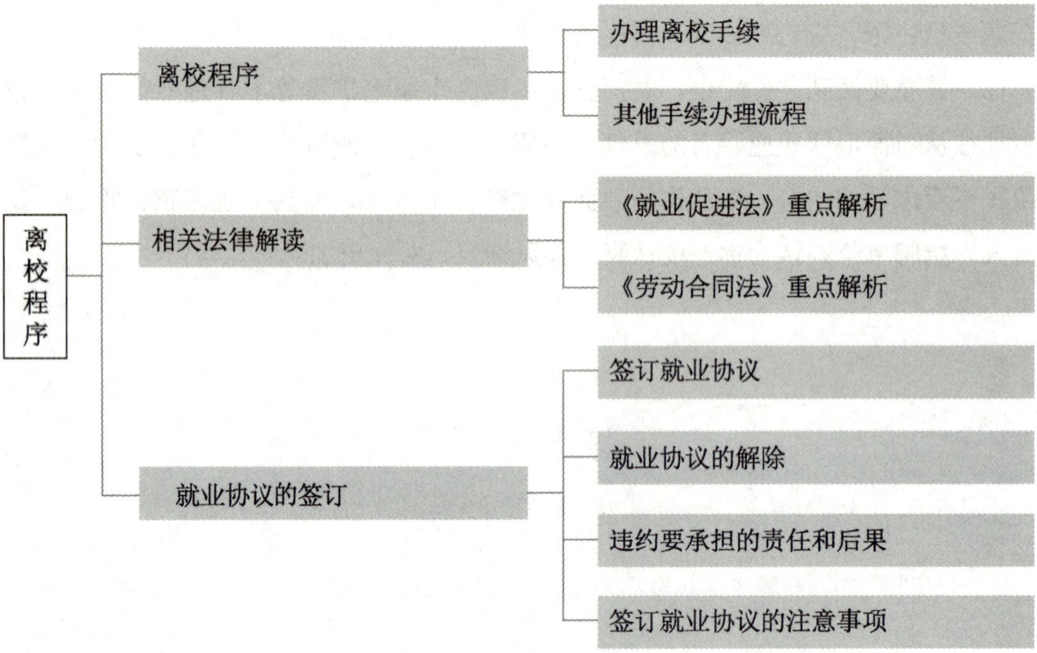

近年来，大学毕业生就业产生过一些问题。一方面有用人单位的原因，另一方面也有学生本身的原因。在大学的教育中，关于法律法规方面的教育很少，即使有，大学生也不愿学，而大学生的防范意识又不足，极易在求职过程中产生纠纷。因此，依法就业既强调同学们要依法保护自己的就业权益，也强调大学生要遵循基本的法律规范，重视就业协议和劳动合同的签署。

第一节　离校程序

一、办理离校手续

各校都有自己的一套离校手续办理流程，大学毕业生们不论毕业后的去向是什么，都应该根据学校就业指导中心的流程办理好离校手续。在此处要特别强调的是毕业生户口和档案的处理。有的大学生毕业后把户口寄放在学校或者各地人才交流中心，这些地方户口的管理时长有限，时间一长户口就处于无人管理状态。在我国目前的户籍管理体制下，户口还有着很重要的作用。比如，购房、结婚。各地的限购令出台后使那些没有户籍身份的人无法实现自己的购房梦，甚至想结婚都困难。所以同学们在办理离校手续时，要特别注意户口、党团组织关系、学籍档案的办理。

图 7-1 为某校离校手续办理流程图，供大家参考。

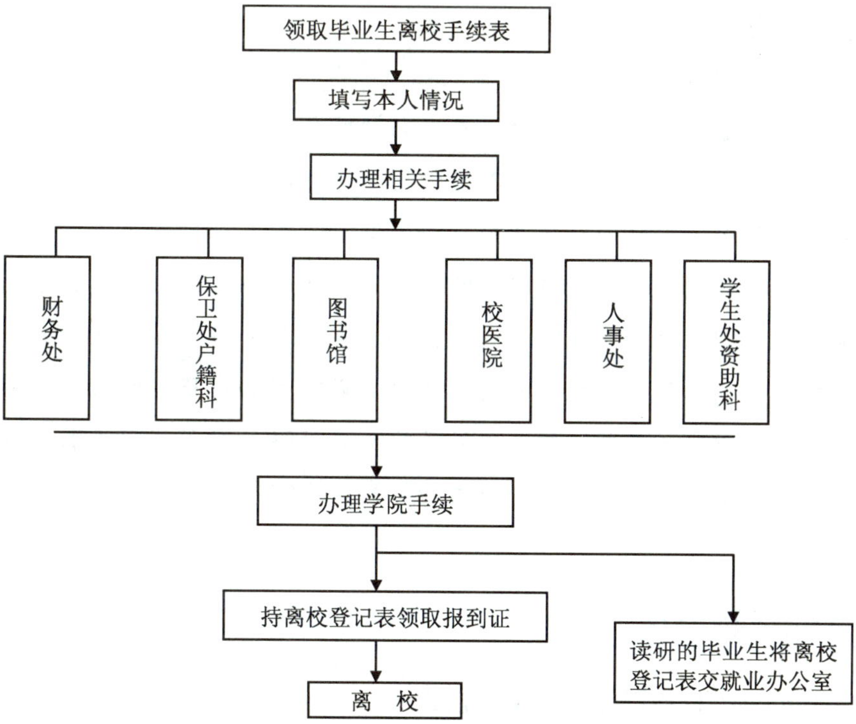

图 7-1　某校毕业生办理离校手续流程图

案例

武汉超10万大学毕业生超期“空挂”户口档案

小伟在武汉购买了一套二手房。他准备将“滞留”在学校的户口，迁移至居住地，成为武汉常住居民。可房屋所在辖区的派出所告知，“超过2年期限的毕业生，必须先将户口打回原籍，然后可通过在武汉购房或投亲靠友等方式再落户”。可小伟并不想回原籍，因为他购买的房子不够落户条件，一旦将户籍打回原籍便意味着无法再将户口迁到武汉。

拿着学校当年出具的户籍卡，落户无门的小伟无计可施。“户口问题不解决，今后结婚、孩子上学，都是难题。”目前，小伟仍将户口“空挂”在学校。

据武汉人力资源市场业内人士分析，每年，大量外地学生来武汉，把户籍迁徙于此；毕业之时，大量人才外流，但能够接收员工户口的招聘单位少之又少，使得大批学生毕业时选择把户籍留存在武汉，导致大量户籍长期“酣睡”在户档托管机构和学校。能托管大学毕业生户档的机构有省高校毕业生就业指导服务中心、省市人才中心，以及省市人力资源机构等。据推算，若算上滞留在高校的“空挂户”，武汉至少有10万名大学生将户籍“空挂”在武汉。

专家分析

按规定，小伟应在2年内将户口从学校的临时集体户口，或托管至省人才交流中心，或直接打回原籍。若毕业生户口滞留学校超2年时限，户档托管部门将不会接收往届生户口。按规定，这样的户口必须打回原籍。

根据公安部门规定：公民应当在经常居住地登记户口。对此，武汉当地公安机关的一位负责人说，应届大学毕业生工作未落实，在办理户口、档案托管时，一定要把握好逾期年限。其间如果找到相对固定的工作，或有了相对稳定的住所，应及时将户口迁入新地方，其中包括工作地的人才服务中心，这样的托管可以是长期的。如果超过两年期限，还没有稳定的落户点，应主动将户口迁回原籍。

二、其他手续办理流程

以下手续办理流程均以北京市某高校为例。

（一）签约

签约手续办理流程，参见图 7-2。

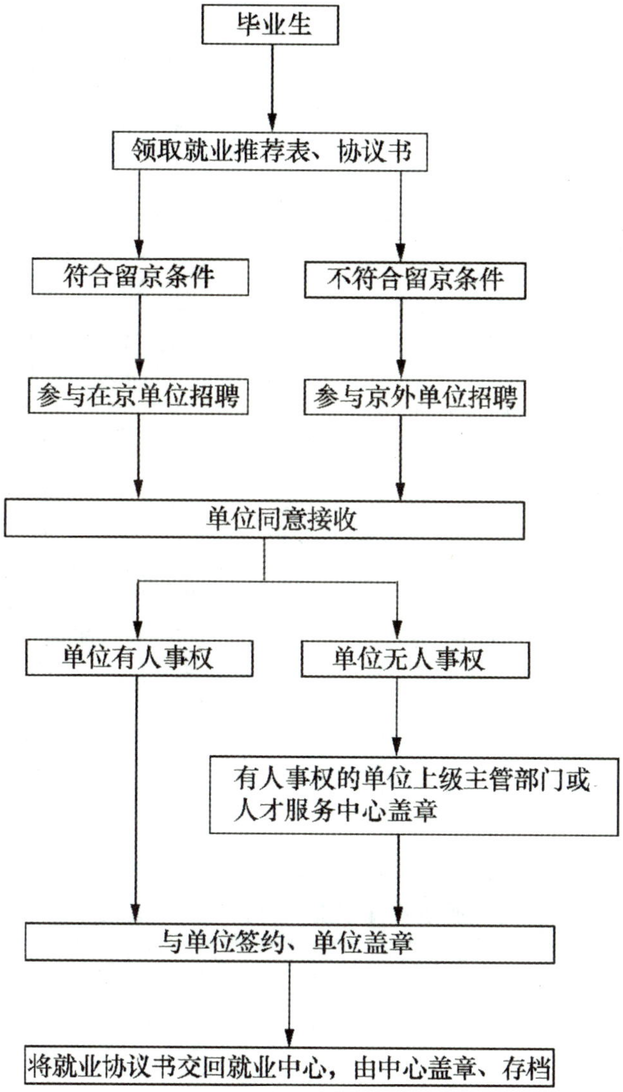

图 7-2　签约手续办理流程图

（二）录取研究生

研究生录取流程参见图 7-3。

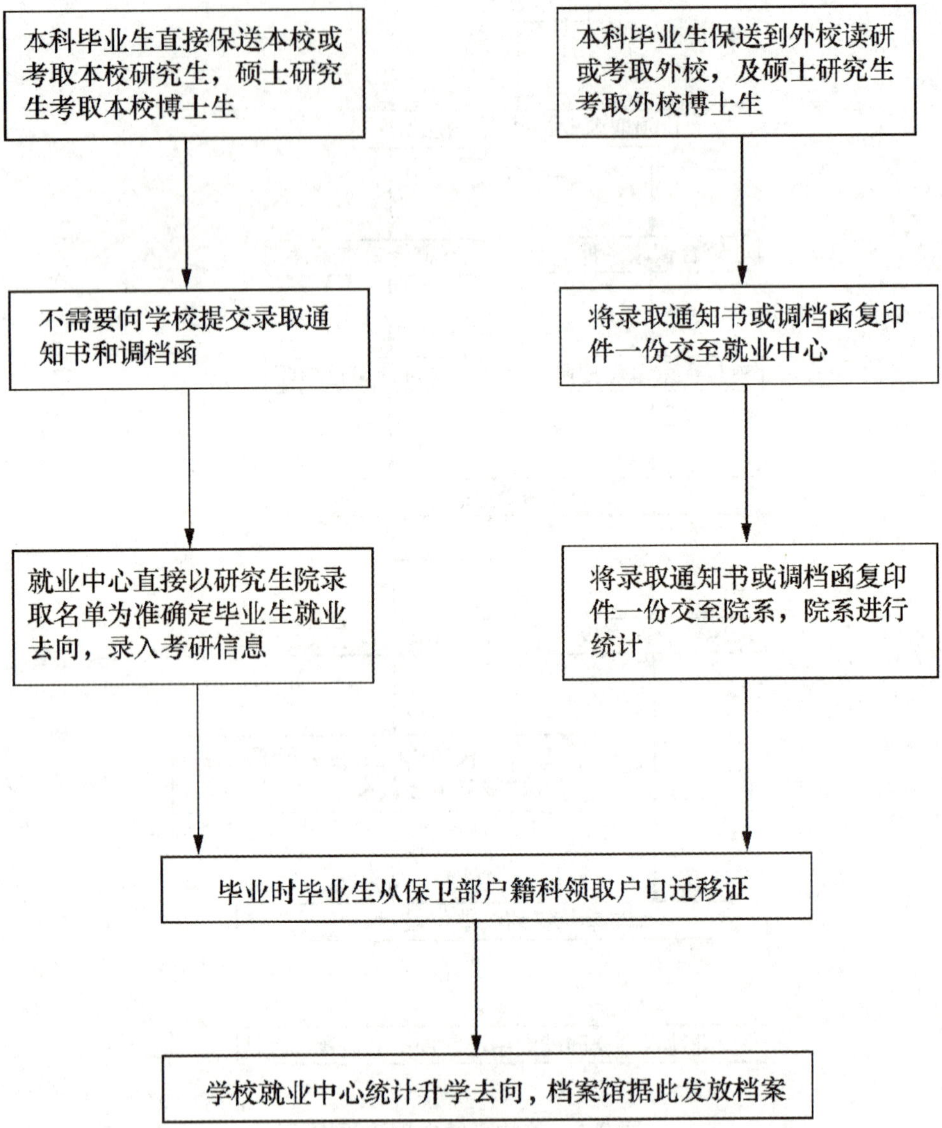

图 7-3　录取研究生的流程图

（三）申请自费出国留学

申请自费出国留学的手续办理参见图 7-4。

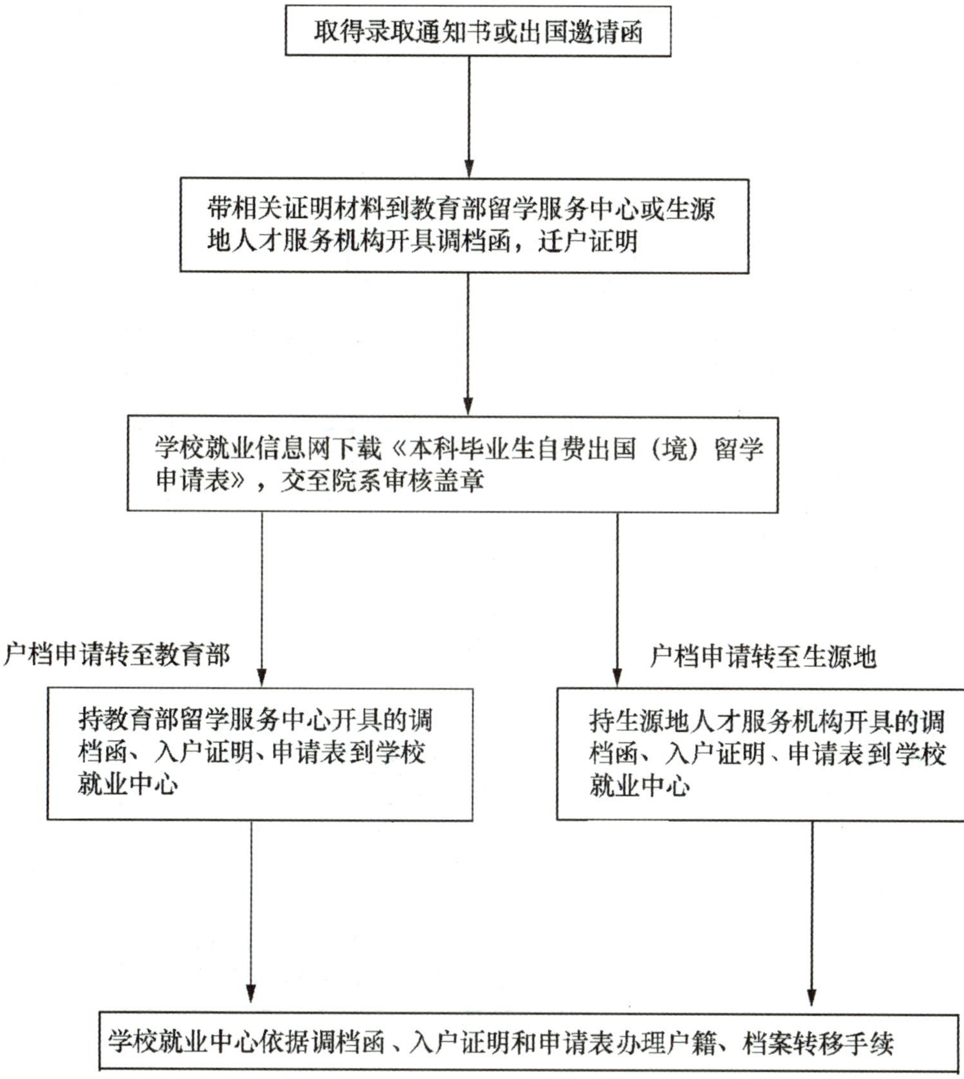

图 7-4　办理自费出国留学手续流程图

（四）灵活就业与自主创业

灵活就业与自主创业的手续办理参见图 7-5。

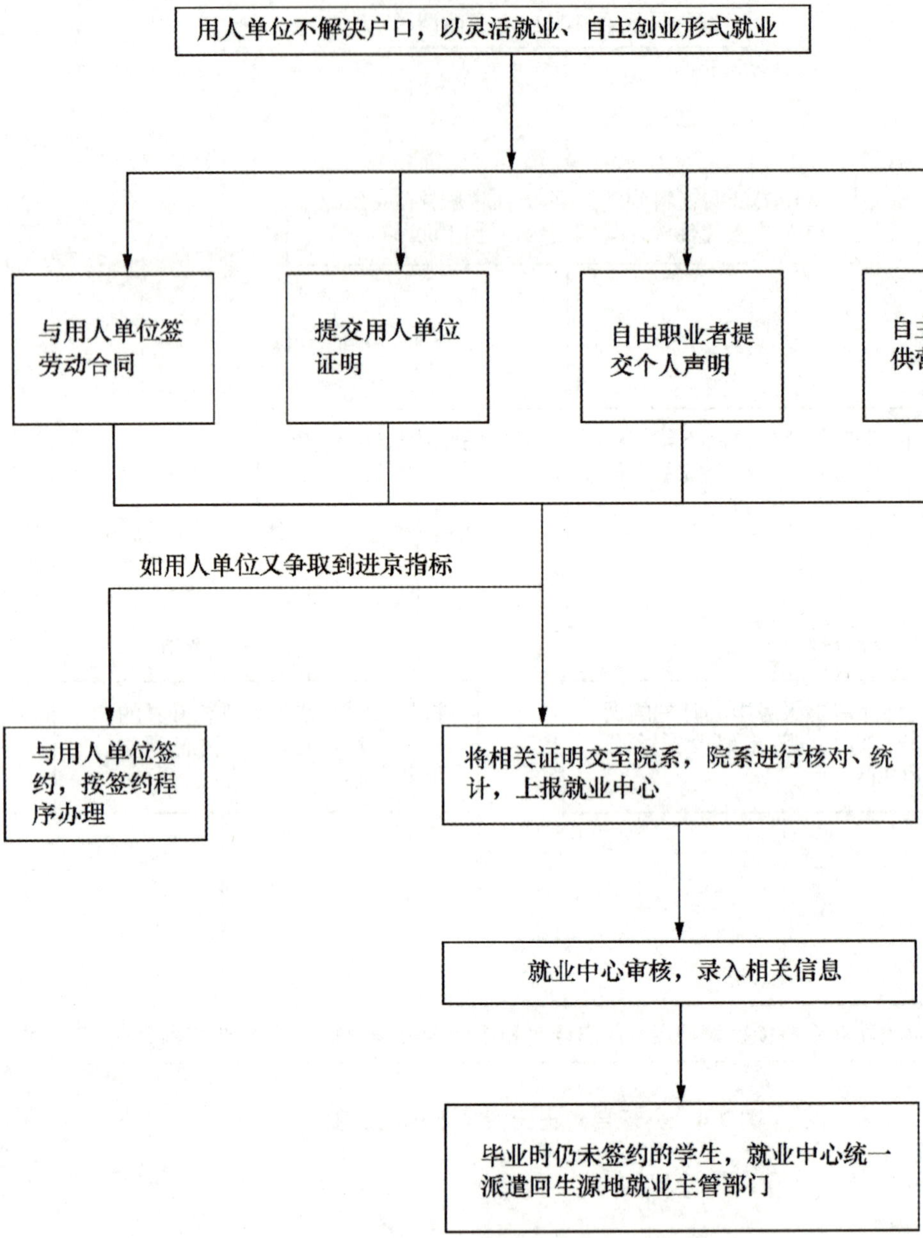

图 7-5　灵活就业与自主创业的手续办理流程图

第二节　相关法律解读

案例

小刚结束了大学的学习生活，即将走上工作岗位。离开了熟悉的学校和朝夕相处的同学，他很茫然。要开始新的生活了，不再是无忧无虑的学生时代。工作找不到怎么办？被用人单位骗了怎么办？国家有什么措施保障劳动者的利益吗？这一连串的问题，让小刚一时无所适从。

小刚的困惑或许也正是同学们所关心的问题，那么就让我们从寻找问题的答案开始新一章的学习吧。

一、《就业促进法》重点解析

2007 年 8 月 30 日第十届全国人民代表大会常务委员会第二十九次会议通过了《中华人民共和国就业促进法》（以下简称《就业促进法》），并于 2008 年 1 月 1 日起施行。这部法律的颁布实施将有力地推动我国的促进就业工作，在促进经济发展和扩大就业相协调，促进社会和谐稳定方面发挥重要的作用。

（一）维护公平就业

为了维护劳动者的平等就业权，反对就业歧视，《就业促进法》对公平就业做出了规定，包括八个方面：

一是明确政府维护公平就业的责任。

二是规范用人单位和职业中介机构的行为。

三是保障妇女享有与男子平等的劳动权利。

四是保障各民族劳动者享有平等的劳动权利。

五是保障残疾人的劳动权利。

六是保障传染病病原携带者的平等就业权。

七是保障进城就业的农村劳动者的平等就业权。

八是规定了劳动者受到就业歧视时的法律救济途径。违反本法规定，实施就业歧视的，劳动者可以向人民法院提起诉讼。

（二）大力发展职业教育和开展职业培训

《就业促进法》明确了国家、企业、劳动者和各类职业培训机构在职业教育和培训中的职责及作用，通过职业技能培训提高劳动者的素质，以适应人力资源市场的需求，从而促进其实现就业和稳定就业。包括五个方面：

一是明确了国家依法发展职业教育，鼓励开展职业培训，促进劳动者提高职业技能，增强就业能力和创业能力的总方针。

二是规定了各级人民政府在加强职业教育和培训方面的职责。

三是规定了企业在加强职业教育和培训方面的职责。

四是规定了职业教育和培训机构在加强职业教育和培训方面的职责。

五是按照《中华人民共和国劳动法》和《中华人民共和国职业教育法》中对建立职业资格证书制度的规定，并针对目前实践中存在的问题，规定了国家对从事涉及公共安全、人身健康、生命财产安全等特殊工种的劳动者，实行职业资格证书制度，具体办法由国务院规定。

（三）实施就业援助

特别规定了对城市零就业家庭的就业援助。县级以上地方人民政府采取多种就业形式，拓宽公益性岗位范围，开发就业岗位，确保城市有就业需求的家庭至少有一人实现就业。同时规定街道、社区公共就业服务机构在就业援助中的具体职责。

大学毕业生如果家庭属于零就业家庭的，可以使用这一条款获得援助。

二、《劳动合同法》重点解析

2007 年 6 月 29 日，《中华人民共和国劳动合同法》由第十届全国人民代表大会常务委员会第二十八次会议审议通过，并由中华人民共和国国家主席颁布，自 2008 年 1

月 1 日起施行。这是自《中华人民共和国劳动合同法》(以下简称《劳动合同法》)颁布实施以来，我国劳动和社会保障法治建设中的又一个里程碑。

(一) 关于劳动合同关系的建立与书面劳动合同的订立

用人单位自用工之日起即与劳动者建立劳动关系。建立劳动关系，应当订立书面劳动合同。订立劳动合同，应当遵循合法、公平、平等自愿、协商一致、诚实信用的原则。已建立劳动关系，未同时订立书面劳动合同的，应当自用工之日起 1 个月内订立书面劳动合同。用人单位与劳动者在用工前订立劳动合同的，劳动关系自用工之日起建立。用人单位与劳动者协商一致，可以订立固定期限劳动合同、无固定期限劳动合同和以完成一定工作任务为期限的劳动合同。

劳动合同包含的固定条款：

(1) 用人单位的名称、住所和法定代表人或者主要负责人；

(2) 劳动者的姓名、住址和居民身份证或者其他有效身份证件号码；

(3) 劳动合同期限；

(4) 工作内容和工作地点；

(5) 工作时间和休息休假；

(6) 劳动报酬；

(7) 社会保险；

(8) 劳动保护、劳动条件和职业危害防护；

(9) 法律、法规规定应当纳入劳动合同的其他事项。

此外，用人单位与劳动者可以约定试用期、培训、保守秘密、补充保险和福利待遇等其他事项。同时，在法律责任中规定：用人单位自用工之日起超过 1 个月但不满一年未与劳动者订立书面劳动合同的，应当向劳动者每个月支付两倍的工资。

(二) 关于无固定期限劳动合同

用人单位与劳动者协商一致，可以订立无固定期限劳动合同。有下列情形之一，劳动者提出或者同意续订、订立劳动合同的，除劳动者提出订立固定期限劳动合同外，应当订立无固定期限劳动合同：

(1) 劳动者在该用人单位连续工作满 10 年的；

(2) 用人单位初次实行劳动合同制度或者国有企业改制重新订立劳动合同时，劳动者在该用人单位连续工作满 10 年且距法定退休年龄不足 10 年的；

(3) 连续订立两次固定期限劳动合同，且劳动者无本法第三十九条和第四十条第一项、第二项规定的情形，续订劳动合同的。

用人单位自用工之日起满 1 年不与劳动者订立书面劳动合同的，视为用人单位与劳动者已订立无固定期限劳动合同。同时，在法律责任中规定：用人单位违反本法规定不与劳动者订立无固定期限劳动合同的，应当自订立无固定期限劳动合同之日起向劳动者每个月支付两倍的工资。

（三）关于试用期

劳动合同期限 3 个月以上不满 1 年的，试用期不得超过 1 个月；劳动合同期限 1 年以上不满 3 年的，试用期不得超过 2 个月；3 年以上固定期限和无固定期限的劳动合同，试用期不得超过 6 个月。同一用人单位与同一劳动者只能约定一次试用期。以完成一定工作任务为期限的劳动合同或者劳动合同期限不满 3 个月的，不得约定试用期。

试用期包含在劳动合同期限内。劳动合同仅约定试用期的，试用期不成立，该期限为劳动合同期限。劳动者在试用期的工资不得低于本单位相同岗位最低档工资或者劳动合同约定工资的 80%，并不得低于用人单位所在地的最低工资标准。

在试用期中，除劳动者有不符合录用条件、有违规违纪违法行为，不能胜任工作等情形外，用人单位不得解除劳动合同。用人单位在试用期解除劳动合同的，应当向劳动者说明理由。同时，在法律责任中规定：用人单位违反本法规定与劳动者约定试用期的，由劳动行政部门责令改正；违法约定的试用期已经履行的，由用人单位以劳动者试用期满月工资为标准，按已经履行的超过法定试用期的期间向劳动者支付赔偿金。

（四）关于劳动合同的履行

用人单位与劳动者应当按照劳动合同的约定，全面履行各自的义务。用人单位应当按照劳动合同约定和国家规定，向劳动者及时足额支付劳动报酬。用人单位拖欠或者未足额支付劳动报酬的，劳动者可以依法向当地人民法院申请支付令；人民法院应当依法发出支付令。

用人单位应当严格执行劳动定额标准，不得强迫或者变相强迫劳动者加班。用人单位安排加班的，应当按照国家有关规定向劳动者支付加班费。劳动者拒绝用人单位管理人员违章指挥、强令冒险作业的，不视为违反劳动合同。

劳动者对危害生命安全和身体健康的劳动条件，有权对用人单位提出批评、检举和控告。国家采取措施，建立健全劳动者社会保险关系跨地区转移接续制度。

（五）关于劳动者可以解除劳动合同的情形

用人单位与劳动者协商一致，可以解除劳动合同。劳动者提前 30 日以书面形式通知用人单位，可以解除劳动合同。劳动者在试用期内提前 3 日通知用人单位，可以解除劳动合同。

用人单位有下列情形之一的，劳动者可以解除劳动合同：

（1）未按照劳动合同约定提供劳动保护或者劳动条件的；

（2）未及时足额支付劳动报酬的；

（3）未依法为劳动者缴纳社会保险费的；

（4）用人单位的规章制度违反法律、法规的规定，损害劳动者合法权益的；

（5）因本法第二十六条第一款规定的情形致使劳动合同无效的；

（6）法律、行政法规规定劳动者可以解除劳动合同的其他情形。

用人单位以暴力、威胁或者非法限制人身自由的手段强迫劳动者劳动的，或者用人单位违章指挥、强令冒险作业危及劳动者人身安全的，劳动者可以立即解除劳动合同，不需事先告知用人单位。

（六）关于用人单位可以解除劳动合同的情形

用人单位与劳动者协商一致，可以解除劳动合同。劳动者有下列情形之一的，用人单位可以解除劳动合同：

（1）在试用期间被证明不符合录用条件的；

（2）严重违反用人单位的规章制度的；

（3）严重失职，营私舞弊，给用人单位造成重大损害的；

（4）劳动者同时与其他用人单位建立劳动关系，对完成本单位的工作任务造成严重影响，或者经用人单位提出，拒不改正的；

（5）因本法第二十六条第一款第一项规定的情形致使劳动合同无效的；

（6）被依法追究刑事责任的。

有下列情形之一的，用人单位提前 30 日以书面形式通知劳动者本人或者额外支付劳动者 1 个月工资后，可以解除劳动合同：

（1）劳动者患病或者非因工负伤，在规定的医疗期满后不能从事原工作，也不能从事由用人单位另行安排的工作的；

（2）劳动者不能胜任工作，经过培训或者调整工作岗位，仍不能胜任工作的；

（3）劳动合同订立时所依据的客观情况发生重大变化，致使劳动合同无法履行，经用人单位与劳动者协商，未能就变更劳动合同内容达成协议的。

第三节　就业协议的签订

一、签订就业协议

就业协议是《全国普通高等学校毕业生就业协议书》的简称，它是明确毕业生、用人单位和学校三方在毕业生就业工作中的权利和义务的书面表现形式，能解决应届毕业生户籍、档案、保险、公积金等一系列相关问题。就业协议在毕业生到单位报到（凭《全国普通高等学校本专科毕业生就业报到证》或《全国毕业生研究生报到证》）、用人单位正式接收后自行终止。就业协议书包括以下内容：

（1）毕业生基本情况及意见。包括：姓名、性别、年龄、民族、政治面貌、培养方式、健康状况、专业、学制、学历、家庭住址、应聘意见等。

（2）用人单位情况及意见。包括：单位名称、单位隶属、联系人、联系电话、邮政编码、通信地址、所有制性质、单位性质、档案转寄地址、用人单位意见、用人单位上级主管部门意见等。

（3）学校意见。包括学校联系人、联系电话、邮政编码、学校通信地址、院系意见、学校毕业生就业部门意见等。

随着毕业生就业制度改革的深化，毕业生就业协议的内容也在进一步规范化、法制化。目前，一些用人单位或学校在就业协议书上已经附加上了有关劳动合同的内容，以保证毕业生的权益，进一步明确用人单位与毕业生之间的权利和义务。这些内容包括：服务期、工作岗位和工作内容、劳动保护和工作条件、工资报酬和福利待遇、劳动纪律、协议终止的条件、违反协议的责任等。

（一）就业协议的作用

就业协议作为学校、用人单位及大学毕业生之间三方的一份意向性协议，不仅能为大学毕业生解决工作问题，保障大学毕业生在寻找工作阶段的权利与义务；同时，也保障了用人单位能够从不同学校找到合适、优秀的大学毕业生。签订就业协议的作用具体为：

（1）保障大学毕业生在寻找工作阶段的权利与义务，约束签订劳动合同的时间、劳动合同的内容等。当发现所要签订的劳动合同与就业协议不一致，特别是出现对维护大学毕业生权益不利的情况时，大学毕业生应该要求用人单位按照已经签订生效的就业协议，制定新的劳动合同，使其内容符合就业协议。

（2）保障用人单位能方便地直接从学校方面调出该大学毕业生真实的档案、资料，用人单位能够方便、清楚地了解大学毕业生的真实情况。

（二）就业协议与劳动合同的关系

就业协议与劳动合同是用人单位录用大学毕业生时所订立的书面协议，但两者分处两个相互联系的不同阶段，表现在：

（1）毕业生就业协议是大学毕业生在校时，由学校参与见证的、与用人单位协商签订的，是编制大学毕业生就业计划方案和大学毕业生派遣的依据；劳动合同是大学毕业生与用人单位明确劳动关系中权利义务关系的协议，学校不是劳动合同的主体，也不是劳动合同的见证方，劳动合同是上岗大学毕业生从事何种岗位、享受何种待遇等权利和义务的依据。

（2）大学毕业生就业协议的内容主要是大学毕业生如实介绍自身情况，并表示愿意到用人单位就业、用人单位表示愿意接收大学毕业生，学校同意推荐大学毕业生并列入就业计划进行派遣。劳动合同的内容涉及劳动报酬、劳动保护、工作内容、劳动纪律等方方面面，更为具体，劳动权利义务更为明确。

（3）一般来说就业协议签订在前，劳动合同订立在后，如果大学毕业生与用人单位就工资待遇、住房等有事先约定，亦可在就业协议备注条款中予以注明，日后订立劳动合同对此内容应予认可。

（4）就业协议是大学毕业生和用人单位关于将来就业意向的初步约定，对于双方的基本条件以及即将签订劳动合同的部分基本内容大体认可，并经用人单位的上级主管部门和高校就业部门同意和见证，一经大学毕业生、用人单位、高校、用人单位主管部门签字盖章，即具有一定的法律效力，是编制大学毕业生就业计划和将来可能发生违约情况时的判断依据。

案例

就业协议书和劳动合同，哪个管用？

北京某大学毕业生李某，在2014年毕业前与一所高校签订了由教育部统一印制的就业协议书，高校人事处在协议书上签署了意见并加盖了人事处印章。但李某毕业后到该高校报到时，却被告知要与自负盈亏的后勤集团签订劳动合同。后勤集团的劳动合同规定，李某的服务期限为3年，如果未满3年辞职，需支付1万元违约金。此外，劳动合同对工资的规定也比就业协议书上约定的少。那么，就业协议书和劳动合同，哪个管用？

专家分析

应届大学毕业生与用人单位签订的就业协议是学校、用人单位、毕业生三方签订的协议。在大学毕业生到用人单位报到之前，就业协议书是一份约束用人单位和大学毕业生的民事合同，受《劳动合同法》调整，双方都应该遵守协议书规定的权利、义务以及责任。如果大学毕业生与用人单位签订了劳动合同，双方就受劳动合同的约束，就业协议书自动失效。如果双方没有签订劳动合同，那么自大学毕业生到用人单位工作之日起，协议书就被视为一份简单的劳动合同，受《中华人民共和国劳动法》调整并继续有效。

当就业协议书与劳动合同约定的内容发生冲突时，用人单位应与大学毕业生在协商的基础上调解冲突。如果协商不成，导致双方不能签订劳动合同，大学毕业生不能按时、正常到用人单位工作，可以依据就业协议书的约定向用人单位主张违约责任。

该案例中，学校在与李某签订了就业协议书后，又要李某与后勤集团签订劳动合同，这就违反了就业协议书，因为学校不能单方面改变用人单位。李某最后与后勤集团签订了劳动合同，就视为双方协商变更了用人单位，所签订的劳动合同生效，就业协议书失去法律效力。

（三）就业协议订立的原则

就业协议订立的原则是指三方在订立就业协议时必须遵循的基本准则。

1. 主体合法原则

签订就业协议的当事人必须具备合法的主体资格。

（1）对大学毕业生而言，就是必须取得毕业资格，如果学生在派遣时未取得毕业资格，用人单位可以不予接收而无须承担法律责任。

（2）对用人单位而言，用人单位必须具有从事各项经营或管理活动的能力，单位应有录用大学毕业生的计划和录用自主权，否则大学毕业生可解除协议而无须承担违约责任。

（3）对高校而言，高校根据用人单位的要求如实介绍大学毕业生的在校表现，最好能提供大学生职业信用档案；也应如实将所掌握的用人单位的信息发布给大学毕业生。高校是大学毕业生就业协议的一个重要组成部分。

2. 平等协商原则

就业协议的三方在签订就业协议时的法律地位是平等的，一方不得将自己的意志强加给另一方。学校也不得采用行政手段要求大学毕业生到指定单位就业（不包括有特殊情况的大学毕业生），用人单位亦不应在签订就业协议时，要求大学毕业生承担过高数额的违约金，更不能要求大学毕业生缴纳就业保证金。三方当事人的权利义务应是一致的。除协议书规定内容外，三方如有其他约定事项可在协议书“备注”内容中加以补充确定。

（四）就业协议订立的步骤

就业协议的订立一般要经过两个步骤，即要约和承诺。

1. 要约

大学毕业生持学校统一印制的就业推荐表（或复印件）参加各地供需洽谈会（人才市场），进行双向选择，或向各用人单位寄发书面材料，应视为要约邀请。用人单位收到毕业生的材料，对毕业生进行考察后，表示同意接收并将回执寄到学校或寄给毕业生本人，此为要约。

2. 承诺

大学毕业生收到用人单位回执或通过其他方式得到用人单位答复后，从中做出选择并到学校毕业生就业工作部门领取就业协议书，与用人单位签订协议，即为承诺。

由于大学毕业生就业工作比较烦琐、具体，有时很难明确分为要约和承诺两个步骤。比如：有的大学毕业生参加公务员考试，达到面试线后，到用人单位参加面试、体检，用人单位也对大学毕业生进行政审、阅档，表示同意接收，在这种情况下，大学毕业生应与该用人单位签订就业协议，而不应再选择其他单位。

又如，用人单位到学校挑选大学毕业生，大学毕业生自己主动报名，经学校积极推荐，用人单位也表示同意接收，但要回到单位后再正式发函签协议。在这种情况下，大学毕业生也应安心等待与用人单位签约，而不能出尔反尔，以未正式签协议为由，置学校信誉于不顾，在这过程中与其他单位签约，这样也浪费了其他大学毕业生的就业机会。

（五）签订就业协议的程序

（1）大学毕业生和用人单位达成协议并在就业协议书上签名盖章，用人单位应在协议书上注明可以接收大学毕业生档案的名称和地址。

（2）若用人单位有上级主管部门，则要求其上级主管部门批准盖章。在直辖市，由于户口限制，许多企业无用人指标，目前高校已经逐步放弃了上级主管部门盖章的要求。

（3）大学毕业生在与用人单位签订协议书后，应在学校规定的时间内，将协议书送学校就业主管部门审核。

（4）学校同意盖章，并及时将协议书反馈用人单位。

（六）签订就业协议的基本要求

（1）大学毕业生应向用人单位如实介绍自己的情况，了解用人单位的招聘意图，表明自己的就业意向，在规定的时间内到用人单位报到，若遇到特殊情况不能按时报到，需征得用人单位同意。

（2）用人单位要如实介绍本单位的情况，明确对大学毕业生的要求及招聘意图，做好各项接收工作。

（3）学校要如实向用人单位介绍大学毕业生的情况，做好推荐工作，用人单位同意录用后，经学校审核列入建议就业计划，报主管部门批准，学校负责办理派遣手续。

（4）各方应严格履行协议，任何一方若违反协议，应承担违约责任。

（七）无效的就业协议

无效协议是指欠缺就业协议的有效要件，或违反就业协议订立的原则，从而不发生法律效力。无效协议从订立之日起就无效。

（1）就业协议未经学校同意视为无效。如有的协议经学校审查认为对大学毕业生显失公平，或违反公平竞争、公平录用的原则，学校可不予认可。

（2）采取欺骗等违法手段签订的就业协议无效，如用人单位未如实介绍本单位情况，根本无录用计划而与大学毕业生签订就业协议；大学毕业生伪造学历或技术等级证等，无效协议产生的法律责任应由责任方承担。

二、就业协议的解除

就业协议的解除分为单方解除和三方解除。

（一）单方解除

单方解除包括单方擅自解除和单方依法或依协议解除。单方擅自解除协议属违约行为，解约方应对另两方承担违约责任。单方依法或依协议解除，是指一方解除就业协议有法律上或协议上的依据，如学生未取得毕业资格，用人单位有权单方解除就业协议；大学毕业生未通过用人单位所在地组织的公务员考试，用人单位有权解除协议。此类单方解除，解除方无须对另两方承担法律责任。

（二）三方协商解除

三方协商解除是指大学毕业生、用人单位、学校三方经协商一致，消除原订立的协议，使协议不发生法律效力。此类解除是三方当事人真实意思表示一致的体现，三方均不承担法律责任，三方解除应在就业计划上报主管部门之前进行，如就业派遣计划下达后三方解除，还需经主管部门批准办理调整改派。

案例

福建某大学学生林某看到福建某公司的一则招聘启事后，就寄了一份“个人求职材料”给该公司。在未面试的情况下，便接到对方签发的《接收函》，并双方签订了《全国普通高等学校毕业生就业协议书》。后福建某公司单方提出解除就业协议，为此，双方产生纠纷。问：单方解除就业协议，是否承担违约责任？

专家分析

就业协议是一份约束用人单位和大学毕业生的民事合同，一经签订，就具有法律约束力，双方均应严格履行合同。对此，我国《全国普通高等院校毕业生就业协议书》第六条明确规定：“本协议经各方（毕业生、用人单位、学校）签字、盖章后生效。三方都应严格履行本协议，若有一方提出变更协议，须征得另两方同意违约，由违约方承担违约责任。”本案例中，福建某公司单方提出解除就业协议，其行为明显属于违约行为，应依法承担违约责任。

三、违约要承担的责任和后果

就业协议书一经大学毕业生、用人单位、学校签署即具有法律效力，任何一方不得擅自解除，否则违约方应向权利受损方支付协议条款所规定的违约金，从实际情况来看，就业违约多为大学毕业生违约。

大学毕业生违约，除本人应承担违约责任、支付违约金外，往往还会造成其他不良的后果，主要表现在：

（1）就用人单位而言，用人单位往往为录用一个大学毕业生做了大量的工作，有的甚至对大学毕业生将要从事的具体工作也有所安排。同时大学毕业生就业工作时间相对比较集中，一旦大学毕业生因某种原因违约，势必使用人单位的录用工作付诸东流，用人单位若另外选择其他大学毕业生，在时间上也不允许，从而给用人单位的工作造成被动。

（2）就学校而言，用人单位往往将大学毕业生的违约行为认为是学校的行为，从而影响学校和用人单位的长期合作关系。用人单位由于大学毕业生存在违约现象，而对学校的推荐工作表示怀疑。影响学校就业计划方案的制定和上报，并影响学校的正常派遣工作。

（3）就其他大学毕业生而言，用人单位到校挑选大学毕业生，一旦与某大学毕业生签订就业协议，就不可能再录用其他大学毕业生。若日后该大学毕业生违约，有些当初希望到该用人单位工作的其他大学毕业生由于录用时间等原因，也无法补缺，造成就业信息的浪费，影响其他大学毕业生就业。

因此，大学毕业生在就业过程应慎重选择，认真履约。

四、签订就业协议的注意事项

大学毕业生在与用人单位签订一份就业协议时，应该注意的是，协议虽然不是劳动合同，但也是一个法律行为，因此，在签订协议之前也要三思而后行。

（1）协议签署前，一定要了解用人单位的相关情况；

（2）大学毕业生在签约时要按照正常程序进行；

（3）签署协议书时，一定要认真、真实地填写协议书内容；有考研或出国等计划要提前申明；

（4）大学毕业生在签约时也要考虑对自身权益的保护；

（5）大学毕业生在签约中，一定要注意条款的合理性；

（6）在毕业后，一定要签署劳动合同。

第二编

大学生职商培养

第八章　大学生培养职商的重要性

学习目标

1. 了解职商的含义及对自己职业发展的作用。
2. 掌握提高职商的方法。
3. 了解职业角色转变的方式。

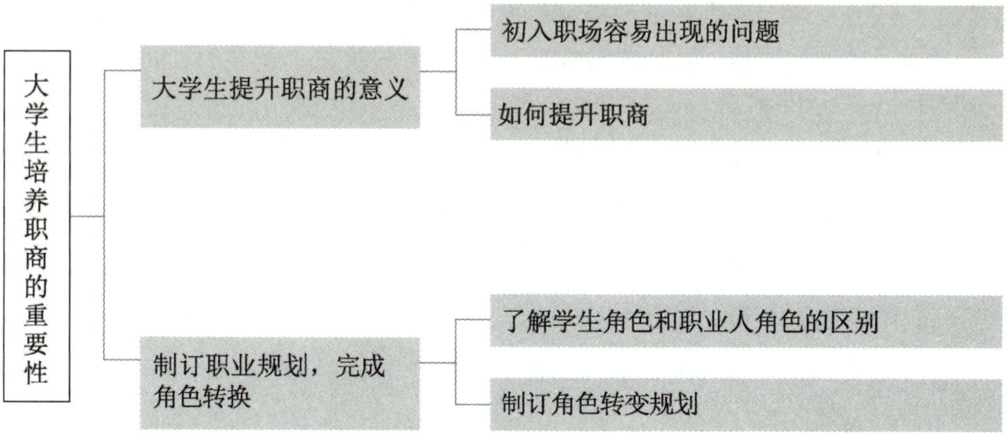

职商（career quotient），简称CQ，全称职业智商。就职商的内涵而言，它是工作时智商与情商的综合体验。换言之，职商是一种包含了判断能力、精神气质、积极态度的综合智慧，它关乎自我与工作、现状与发展的契合度。

职商是美国著名人力资源专家、哈佛大学管理学博士布莱尔·奥森2002年6月在美国《商业周刊》首次提出的。他根据500强公司多年的人力资源从业经验，提醒以往或正在职场上春风得意的职员：过分自信不可取，要及时审查自己、找出不足和先天缺陷。每个人都有工作，都在做着工作，自从有了社会分工之后人们就开始工作，从生干到死，从工作干到退休，这个历程中有很多人在提炼、总结和研究职业生涯的发展规律，这就是职商研究的范畴。

职业智商是指一个人在职业方面的综合素质和能力，它由知识技能、心态以及方法论这样三个维度构成。也就是说，良好的职商并不仅仅是指你所掌握的知识技能的扎实程度，它同时会考量你在职场和团队中是否具备面对困难却专注如一的心态，是否能够灵活地应对和处理工作中的各种问题，是否能够与他人携手合作共同进步，是否能够发现自己喜爱且擅长的事情并踏踏实实做下去等全方位的综合能力。职商的关键要素一般涉及：基本智力要素、动机要素、人格要素、社交技能要素、领导力要素、道德、价值观要素、业务技能要素。

职商的内容包括职业道德、职业思想（意识）、职业行为习惯、职业技能，前三项是职商中最基本的部分，职业技能是支撑职业人生的表象内容。在衡量一个人的时候，企业通常将二者的比例以 6.5∶3.5 进行划分。前三项属世界观、价值观、人生观范畴的产物。从出生到退休或至死亡逐步形成，逐渐完善。而后一项，可以通过学习、培训获得。例如，计算机、英语、建筑等属于职业技能范畴的技能，可以通过三年左右的时间令我们掌握入门技术，在实践运用中日渐成熟而成为专家。

初入职场的大学毕业生要面对激烈的社会竞争，面对新的环境，这是人生中的一个重大转折。在这个过程中，要学会积极转变自己的角色，调整自己的心态，适应社会，适应新的生活，朝自己的目标努力奋斗。而作为用人单位，也应该尽量关心新人，要帮助他们尽快适应新的角色、新的环境、新的文化和新的伙伴等。一位新人要适应新的职场环境，有几个因素是必须具备的：一是要有专业的岗位适应能力，这样新人即使其他方面有欠缺，整体的压力也小得多；二是要有成熟的心理，那就是作为成年人正常面对陌生状态、自由自如的心理；三是要有人际拓展能力，就是要能主动、多渠道、适时地发展新环境人际关系的能力。如果新人能具备这些能力，无论新的职业环境怎样，新人都能很快适应的。总之，职场环境的适应能力可以考验一个人的综合素养。

第一节　大学生提升职商的意义

所谓职商就是指所从事的职业对一个人内在素质的基本要求，不同的岗位对内在素质的要求是不同的。因此，了解职商并努力提升自己的相关职商是很重要的。世界500强企业在招聘员工时，提倡从外向性格、情绪性、结构性、亲和性、干劲、对新事物的开放程度等六个维度来考核员工的职商。因此，这里作为主要内容进行介绍。

提升自己的职商，有助于大学毕业生更好地适应社会和工作环境，改善频繁跳槽的局面。大学生投身社会、走上工作岗位后，常常会感到自身与社会之间存在着一些不适应，不少学生很难度过这个“蘑菇期”（蘑菇喜欢生长在阴暗潮湿的地方，不为人们所重视），因此，工作不主动、消极怠工，甚至频频跳槽，影响自身的职业发展。这也是职商欠缺的表现。因此，大学生职商越来越受到各个高校的重视。

一、初入职场容易出现的问题

大学生初入职场，不适应是完全可以理解的。因为，学生的生活本身就简单，不像职场那么复杂。职场上复杂的人际关系、严格的规章制度、独立的工作环境、紧张的工作节奏等，使学生，特别是未经历实习的学生往往感到难以适应。多数人会觉得工作无从下手，所学与所用脱节，有时甚至还会遭遇别人的冷眼；前期从事的都是一些低级的工作；有时，自己的许多“合理化”建议得不到领导的重视和认同。这与在校期间的自由、轻松、快乐形成鲜明的对比，这些都是职场新人入职时最常遇见的问题。

归纳起来，大学毕业生初入职场最容易出现的问题有如下几种：

（1）心高气傲，不重视基础性工作；

（2）眼高手低，对单位状况横加评判；

（3）缺乏主动，不安排工作就不知干什么；

（4）过于热情，成为大家的服务生；

（5）缺乏纪律，迟到早退成常态；

（6）急于求成，往往欲速则不达。想被人认可的愿望过于强烈。

大学毕业生入职后的适应期一般有两到三个月，有的可能半年还未能适应，而有的人则不到一个月就离职跳槽，从而严重影响自己的职业发展。所以，大学毕业生应重视提升自己的职业适应能力。

二、如何提升职商

【知识小贴士】

企业经常在新员工入职之后讲的话

各位今天都是新员工，有缘一起坐在这里参加入职培训，但再过一两年或三五年，我们将发现各位之间的状态会有很大不同，有的人可能会因各种原因离开了公司；有的人可能会觉得工作被动；也有的人会觉得同事关系不好处，很难沟通，工作得非常不开心。当然，肯定也会有另外一些人，几年后，他们已经成为公司的管理者，或某一领域里的资深专业人士。他们充满热情地工作着，在迎接一个个挑战的过程中，为公司创造着价值，也体会到巨大的成就感，在他们眼里看到的是无限广阔的发展空间。

大学毕业生成功就业后，首先要面对的问题是如何适应这个陌生的职业环境。有些人可能很快会不适应；有些人刚开始工作时感觉还不错，但经历了几件不顺心的事后，工作状态受挫，陷入失败的阴影中，甚至会怀疑自己来错了地方；也有人很快适应新的环境，如鱼得水，在单位迅速成长。

是什么造成了上述的差距？这里有个人能力问题，但更重要的是个人状态与企业环境的匹配（包括个人能力与企业需求的匹配、个人做事方法与企业制度流程的匹配、个人价值观及行为准则与企业价值观和文化的匹配）问题。

每个人都有自己独特的才干，这些才干只有和外部环境匹配起来才能发挥其价值，刚加入一个新环境时，你可能会发现老同事们似乎不太愿意接纳你，你可能会遇见各种阻挠。这时你该怎么办？你能不能在特定环境下找出合适的方法应对？当然，更深层次的是你的价值观与企业的价值观是否相符？对企业所讲的道理，你是否能从内心深处认同？

（一）大学生必须了解自己的职商

如前所述，世界500强企业在招聘员工时，提倡从外向性格、干劲、情绪性、亲和性、结构性、对新事物的开放程度等六个维度来考核员工的职商。那作为求职方的我们，对自己这六个方面了解吗？

大学生综合职商测评的特点为：①大学生综合职商测评报告能深度评估大学生个体性格特征，并考量大学生在各种职场下的典型表现；②大学生综合职商测评是参加测评的大学生根据自身在现实中的行为偏好风格的自陈式人格问卷。大学生综合职商测评报告的建立并不依赖特定的人格理论，而是根据心理学界已经成熟的、公认的模式，结合企业的统计数据分析方法，逐渐形成和完善的，所以大学生综合职商测评报告拥有很高的可信度和有效性；③大学生综合职商测评系统易于操作，流程人性化，题目富有趣味性，完成测评会从六大维度、25项综合职商全面进行分析后得出完整详细的反馈报告。

以下附一份某大学生综合职商测评报告（部分）见表8-1。

表8-1　某大学生综合职商测评报告

外向性格	1	2	3	4	5	6	7	8	9	10	
较安静，谨慎和有保留。在不熟悉的社交场合可能会比较不适应						×					社交胆量：自信、外向、社交能力强。喜欢成为注意力的中心。可能会独霸社交场合
采取坦白和诚实的方式沟通。倾向于实话实说。可能会缺少一些社交练达或者灵敏				×							人情练达程度：老练，有社交手段和才能。圆滑，可能显得缺少真诚
倾向于不去影响、说服别人。不喜欢推销自己的想法，或者觉得这样做不自在							×				影响和说服力：喜欢说服别人。喜欢推销自己的想法和跟别人谈判
比较通融，乐意让别人说服。可能会显得缺乏信服力						×					自信力：个性坚定有力。可能会让别人觉得受胁迫，或者使别人无法充分表现

续表

干劲	1	2	3	4	5	6	7	8	9	10	
对事情仔细权衡轻重。做决定前考虑所有的可能方案。采取非常谨慎的方式					×						果断程度：做决定速度很快。可能会冒险或者冲动。能很快选择行动的方向
不喜欢竞争。觉得没有必要把自己的事跟别人的做比较。更喜欢参与而不是赢别人					×						好胜心：喜欢赢别人。可能是个输不起的人。会把自己的事跟别人的事做比较
注意维持生活与工作的平衡。面临具有挑战性之目标时，会失去动力。较无企图心							×				干劲与抱负：精力充沛，充满活力。事业心强，喜欢挑战
情绪性	1	2	3	4	5	6	7	8	9	10	
有表达能力，坦率。容易被了解。心直口快。能公开表达情感。可能难控制情绪			×								情感控制：能控制自己的情绪。情绪不容易被了解。冷淡，不露声色。可能看上去缺少人性的温暖
镇静放松。工作后能轻松脱离工作。对重要事件不是很在乎。可能显得缺乏急迫感								×			焦虑：紧张，精神紧绷。工作后难以从工作中跳脱出来。重要事件发生前觉得紧张不安。可能这种紧张能成为工作动力
对自己的能力缺乏自信。对批评敏感。可能会自我打击。不可能高估自己的能力							×				自信心：自信。确信自己的能力。对挫折不会感到沮丧。可能会高估自己的能力
亲和性	1	2	3	4	5	6	7	8	9	10	
乐意讨论自己的成就。喜欢让别人知道自己的身份地位。喜欢接受表扬和认可						×					谦虚程度：对个人成就保持低调。觉得没必要寻求赞扬，或对赞扬觉得尴尬。很谦逊
认为有必要跟团队一起工作。不喜欢独自工作。喜欢有同伴						×					独立性：观点独立。自立自强。觉得不需要别人的支持

续表

倾向于怀疑别人的动机和能力。除非别人能够让他/她信服。对别人持怀疑的态度									×		信任感：乐意相信别人好的方面。不确定时选择相信而不是怀疑别人。对别人有信心
注重工作多于注重人。对别人的问题比较不感兴趣。看事情比较超然							×				同理心：对人宽容。帮助需要帮助的人。关心爱护别人。可能会过于投入
结构性	1	2	3	4	5	6	7	8	9	10	
倾向于采取比较适应情势的方式。觉得个人价值观不应影响职场行为				×							责任感：有很强的道德立场，明确的个人价值观念和严格的个人操守
灵活且反应快。可能显得无条理、不整洁。倾向于兵来将挡的方式而不是提前计划						×					条理性：做事事先计划。讲究结构和条理。有条不紊，整洁。可能显得缺乏灵活性
不喜欢处理细节的东西。更乐意就事情整体来看。很愿意把细节的事交给别人处理			×								注重细节能力：注重事物的细节方面。非常谨小慎微。对工作可以下苦功。可能有点迂腐
容易产生厌烦情绪。倾向于做重复性低的工作。更乐意开头而不是完成工作			×								负责可靠性：能坚持努力工作直到完成。对重复性的工作不会觉得厌烦。很勤奋
觉得在做决定或解决问题时，不需要使用数据。较喜欢靠直觉。宁可把数字工作留给其他人做			×								依赖数据分析程度：喜欢在工作中使用或研究图表及数据。做决定或解决问题时，喜欢用数据
对新事物的开放程度	1	2	3	4	5	6	7	8	9	10	
乐意相信事情所呈现的样子。倾向于不对计划或者提议提出批评。认为自己心胸开阔		×									分析性：避免相信事情的表面。倾向于查找计划中的缺陷。看问题很有见地。有时可能会打击别人的动力

续表

做事很实际，脚踏实地。更注重切合实际的事务而不是理论。对学术性争论不感兴趣		×									理论程度：喜欢采用学术的角度，考虑理论、概念以及模式方面的东西。喜欢推理
乐于接受别人的想法。不喜欢提出点子而喜欢以别人的点子做发挥。不喜欢担任需要创新的任务					×						想象力：有创新力，能变革，能够提供很多新点子。热衷于想新点子，采用新颖地看问题的角度
认为条例和程序很限制人的行为。倾向于非常规的工作方式。觉得没有必要遵循传统									×		服从性：原则性强，循规蹈矩且很传统。喜欢工作中有条例和程序以提供结构和依据
喜欢日常工作中依照惯例进行。不喜欢太多变化和多样性。变化的初期可能会觉得不能适应						×					接受改变程度：喜欢做新的事情。喜欢变化，也能很快适应变化。对一成不变的环境可能会失去兴趣
回答风格	1	2	3	4	5	6	7	8	9	10	
对自己采取较为批判、苛刻的态度		×									回答风格：看待自己的行为时比较宽松。有可能想呈现一个较好的印象

以上文的测评报告为例，从六个维度解读如下：

1. 外向性格

从四个方面检测被试者如何与他人交往，以及他对别人的影响力。

（1）社交胆量。

社交胆量	1	2	3	4	5	6	7	8	9	10	
较安静，谨慎和有保留。在不熟悉的社交场合可能会比较不适应						×					自信、外向、社交能力强。喜欢成为注意力的中心。可能会独霸社交场合

被试者的回答显示，他在开朗活泼方面跟大部分人差不多。通常情况下，他乐于跟陌生人打交道或到陌生的地方。但如果叫他在人群面前发言有可能会有点不自在。如果成为大家的焦点，他应该不会紧张。但成为焦点不是他要努力追求的东西。

（2）社交技巧。

人情练达程度	1	2	3	4	5	6	7	8	9	10	
采取坦白和诚实的方式沟通。倾向于实话实说。可能会缺少一些社交练达或者灵敏				×							老练，有社交手段和才能。圆滑，可能显得缺少真诚

被试者的回答显示，他在人际交往中喜欢坦白和开放的方式。在别人看来，他是个相当诚实和直率的人。他会告诉别人他想的、认为的东西，不管这样可能会带来什么后果。因此，别人可能认为他过于直率，有点缺乏老练。

（3）影响和说服力。

影响和说服力	1	2	3	4	5	6	7	8	9	10	
倾向于不去影响、说服别人。不喜欢推销自己的想法，或者觉得这样做不自在							×				喜欢说服别人。喜欢推销自己的想法和跟别人谈判

被试者的回答显示，他认为他自己比大部分人有影响和说服力。

他可能喜欢担任重要的角色，很可能喜欢对周围的事物有发言权。在需要推销想法、产品，或者跟人谈判的情况下他可能很自如。但有些人可能会认为他有点使用手段。

（4）自信力。

自信力	1	2	3	4	5	6	7	8	9	10	
比较通融，乐意让别人说服。可能会显得缺乏信服力						×					个性坚定有力。可能会让别人觉得受胁迫，或者使别人无法充分表现

被试者的回答显示，他在自信力方面跟大部分的人的水平相当，能够在需要别人倾听他的时候，同时考虑倾听别人的想法。他能够让别人知道他的观点。如果对方比较强势的话他就不太会说服成功。在别人看来，他不是一个爱出风头、固执己见的人，采取的方式也不是很盛气凌人。

2. 干劲

从三个方面检测被试者的干劲水平，特指他是否认为自己是个精力旺盛、以事业为中心的人，是否认为有必要与他人竞争，以别人的成就来衡量自己的成就，以及是否认为自己是个果断的人，而不是犹豫不决的人。

（1）果断程度。

果断程度	1	2	3	4	5	6	7	8	9	10	
对事情仔细权衡轻重。做决定前考虑所有的可能方案。采取非常谨慎的方式					×						做决定速度很快。可能会冒险或者冲动。能很快选择行动的方向

被试者的回答结果显示，他能够平衡做快速决定和采取谨慎、深思熟虑的方式二者之间的关系。在必要时，他能够比较快的做出决定。但是通常情况下他更喜欢花一些时间考虑问题、做决定。虽然他不是一个特别回避冒险的人，但他一般不会主动追求冒险。在做决定的时候他可能很小心，尽可能采取平衡的方式。

（2）好胜心。

好胜心	1	2	3	4	5	6	7	8	9	10	
不喜欢竞争。觉得没有必要把自己的事跟别人的做比较。更喜欢参与而不是赢别人					×						喜欢赢别人。可能是个输不起的人。会把自己的事跟别人的事做比较

被试者的回答结果显示，跟大部分人比，他的好胜心不会更高，也不会更低。因此，像大部分人一样，他比较乐意比别人好。但是打败别人的欲望并不是很强烈。至于是否乐意把自己的成就和别人的做比较，他的想法跟大部分人差不多。他很可能更重视团队的成功而不是个人的成功。他的性情决定了他竞争的环境不是他积极追求的东西，但是他在竞争的环境中可能会相当适应。

（3）干劲与抱负。

干劲与抱负	1	2	3	4	5	6	7	8	9	10	
注意维持生活与工作的平衡。面临具有挑战性之目标时，会失去动力。较无企图心							×				精力充沛，充满活力。事业心强，喜欢挑战

被试者的回答结果显示，他的抱负、活力和精力与大部分人水平相当。虽然他想要进一步发展他的事业，但是很可能他会注意保证这不会影响他工作和生活之间的平衡关系。他虽然是个相当注重事业的人，但是取得成功的愿望不是他的最主要的动力。因此，他可能可以接受有较长时间没有事业发展机会的现实。

3. 情绪性

从三个方面测量被试者情绪方面的内容，包括被试者能在多大程度上公开表达情绪、焦虑程度，以及这些因素如何影响他的自信心和确信自己能力的程度。

（1）情绪控制。

情感控制	1	2	3	4	5	6	7	8	9	10	
有表达能力，坦率。容易被了解。心直口快。能公开表达情感。可能难控制情绪			×								能控制自己的情绪。情绪不容易被了解。冷淡，不露声色。可能看上去缺少人性的温暖

被试者的回答结果显示，他通常认为自己能够相当公开地表达自己的情绪，不管是积极的还是消极的。他可能会相当真诚，让别人看到他特别高兴或者特别难过的时候，他基本上不会觉得不自在。很可能他会认为在工作中的情绪表达是很重要的，但是需要保持一定程度的情绪控制。

（2）焦虑。

焦虑	1	2	3	4	5	6	7	8	9	10	
镇静放松。工作后能轻松脱离工作。对重要事件不是很在乎。可能显得缺乏急迫感								×			紧张，精神紧绷。工作后难以从工作中跳脱出来。重要事件发生前觉得紧张不安。可能这种紧张能成为工作动力

被试者的回答结果显示，他是个相当紧张、焦虑或不安的人，尽管没有达到极端的程度。他有时在工作之外很难从工作状态中解脱出来。尤其是当有压力的时候，他经常会沉浸在工作事务中。同时重要事件也会给他带来焦虑，这种紧张情绪对他可能会起激励作用。然而焦虑不大可能成为他的主要工作动力。

（3）自信心。

自信心	1	2	3	4	5	6	7	8	9	10	
对自己的能力缺乏自信。对批评敏感。可能会自我打击。不可能高估自己的能力							—×—				自信心：自信。确信自己的能力。对挫折不会感到沮丧。可能会高估自己的能力

被试者的回答结果显示，他通常情况下很自信，相信自己有处理任何情况的能力。他倾向于接受挑战，但也会在一定程度上考虑他实际应对挑战的能力。一些别人会觉得不适应或者不安的情况，对他来说通常会很适应。尽管如此，可能需要注意，由于他有时会过高估计自己的能力，可能会接受超过他的经验和技术水平范围之外的挑战。

他可以自如地公开表达自己的情绪，同时他焦虑水平较高。这显示，一个人可以在有压力的同时，也能让别人很清楚他的情绪。这样他不太可能会把焦虑都掩藏遮盖起来，导致对他的工作造成影响。至于这种处理焦虑的方式在工作中是否对他人有影响，应做进一步的研究。

4. 亲和性

从四个方面测量被试者的团队观念，对别人是否宽容和同情，以及他寻求赞扬和认可的程度。

（1）谦虚程度。

谦虚程度	1	2	3	4	5	6	7	8	9	10	
乐意讨论自己的成就。喜欢让别人知道自己的身份地位。喜欢接受表扬和认可						—×—					对个人成就保持低调。觉得没必要寻求赞扬，或对赞扬觉得尴尬。很谦逊

被试者的回答结果显示，比起大多数人，他的谦虚程度不会更高也不会更低。跟其他人一样，他需要别人认可他的成绩；跟大多数人一样，他会寻求赞扬。实际上，如果让大家知道他的成绩，他会跟大多数人一样很开心。但是，他会小心不让别人觉

得他很轻率或者敏感。他很可能会寻求一定程度的社会地位。但是并不想让别人认为他是不平凡的。

（2）独立性。

独立性	1	2	3	4	5	6	7	8	9	10	
认为有必要跟团队一起工作。不喜欢独自工作。喜欢有同伴						×					观点独立。自立自强。觉得不需要别人的支持

被试者的回答结果显示，跟大多数人比，他的独立性不会更高也不会更低。因此，虽然他通常情况下喜欢别人做伴和支持，但是如果让他独立工作的话，他也会很适应。只是，不能让他独立工作的时间太长。如果情形导致他不能得到同事的帮助，他也不会太担心。尽管如此，他会在某种程度上乐意听取别人的建议。

（3）信任感。

信任感	1	2	3	4	5	6	7	8	9	10	
倾向于怀疑别人的动机和能力。除非别人能够让他/她信服。对别人持怀疑的态度									×		乐意相信别人好的方面。不确定时选择相信而不是怀疑别人。对别人有信心

被试者的回答结果显示，他非常倾向于相信别人最好的方面。这种信任别人的风格显示他总是（至少一开始）宁可相信人好的方面也不相信人坏的方面。他很可能对别人的工作能力非常乐观、非常信赖。别人很可能对这种信任反应很好。因此，这种风格可能会非常有效地让人们表现出他们最好的方面。但是有些人把他这样轻易相信别人看成是一个弱点，会认为他很天真。因此他有可能会被人利用或占便宜。

（4）同理心。

同理心	1	2	3	4	5	6	7	8	9	10	
注重工作多于注重人。对别人的问题比较不感兴趣。看事情比较超然							×				对人宽容。帮助需要帮助的人。关心爱护别人。可能会过于投入

被试者的回答结果显示，他对别人相当宽容，并会从别人的角度看问题。他通常愿意帮助那些需要帮助的人。但有时候，他怜悯别人的性格特征会影响他处理棘手问

题的能力。

5. 结构性

从五个方面测量被试者的工作风格，特指他在工作量方面多大程度上乐意使用结构。还有他如何安排他的工作量：第一，如何处理他的个人重要事务可能引起的纠纷；第二，项目管理事务方面，例如工作质量，以及任务的主次顺序安排；第三是指他是否愿意依靠数据分析来帮助做决定和找出解决问题的方法。

（1）道德责任感。

责任感	1	2	3	4	5	6	7	8	9	10	
倾向于采取比较适应情势的方式。觉得个人价值观不应影响职场行为				×							有很强的道德立场，明确的个人价值观念和严格的个人操守

被试者的回答结果显示，如果业务需要的话，他随时乐意采用比较实际便利的方式。他不是一个有很强道德观念的人。在需要的情况下，也不会觉得把自己的个人原则放一边是特别困难的事，尤其是当他个人可能获得经济利益的时候。对于他来说，他个人的道德观念不大可能局限他做决定的能力。

（2）条理性。

条理性	1	2	3	4	5	6	7	8	9	10	
灵活且反应快。可能显得无条理、不整洁。倾向于兵来将挡的方式而不是提前计划						×					做事事先计划。讲究结构和条理。有条不紊，整洁。可能显得缺乏灵活性

被试者的回答结果显示，他喜欢采取有计划、有条理的方式工作。他很可能拥有相当有效的工作方式，并且他注重计划、监控和组织等事宜。有时他会发觉他的条理性可能会降低灵活性，不能很好地应对新的、意外的事件。

（3）关注细节。

注重细节能力	1	2	3	4	5	6	7	8	9	10	
不喜欢处理细节的东西。更乐意就事情整体来看。很愿意把细节的事交给别人处理			×								注重事物的细节方面。非常谨小慎微。对工作可以下苦功。可能有点迂腐

被试者的回答显示，他比较倾向于关注事务的概况而不是细节。他这种不充分考虑细节的方式可能会影响他对日常文书工作的处理方式。他不太可能沉浸于没有必要的细节当中。从这方面讲，他在管理方面可能有很有效的概括性的认识。

（4）尽责可靠。

负责可靠性	1	2	3	4	5	6	7	8	9	10	
容易产生厌烦情绪。倾向于做重复性低的工作。更乐意开头而不是完成工作			×								能坚持努力工作直到完成。对重复性的工作不会觉得厌烦。很勤奋

被试者的回答显示，他对于枯燥或者重复性的工作很快就失去兴趣，因此可能别人会认为他不是一个能善始善终的人。比起确保完成现有的工作任务，他可能更善于有效地启动新的工作。被试者的回答表明他可能更倾向于采取实际性的，而不是理想的方式，尤其是当理想的方式需要非常详尽的，或者很长时间的思考。

（5）数据化分析。

依赖数据分析程度	1	2	3	4	5	6	7	8	9	10	
觉得在做决定或解决问题时，不需要使用数据。较喜欢靠直觉。宁可把数字工作留给其他人做			×								喜欢在工作中使用或研究图表及数据。做决定或解决问题时，喜欢用数据

被试者的回答显示，他倾向于担任跟数字和统计数据没有重要关联的工作角色。如果要求他根据数字信息做出推断，他会表现出有点抗拒。因此，他更倾向于依靠直觉解决问题或者做决定。

6. 对新事物的开放程度

从五个方面测量被试者的求知欲和他对于变化、革新或者稳定性和确定性的喜好程度。

（1）分析性。

分析性	1	2	3	4	5	6	7	8	9	10	
乐意相信事情所呈现的样子。倾向于不对计划或者提议提出批评。认为自己心胸开阔		×									避免相信事情的表面。倾向于查找计划中的缺陷。看问题很有见地。有时可能会打击别人的动力

被试者的回答显示，他非常倾向于接受别人的想法，认为这些想法看上去或者听上去很有道理。他可能倾向于对问题不做太深入的分析，没有特别强的求知欲。因此，他可能在研究人和问题的时候不会做详尽分析，可能会忽略了重要的问题。

（2）理论性思考。

理论程度	1	2	3	4	5	6	7	8	9	10	
做事很实际，脚踏实地。更注重切合实际的事务而不是理论。对学术性争论不感兴趣		×									喜欢采用学术的角度，考虑理论、概念以及模式方面的东西。喜欢推理

他在这方面的回答显示，他是个非常实际、脚踏实地的人。他可能对学术性的讨论不热衷，对考虑概念性的东西不感兴趣，更愿意集中精力考虑更切合实际的问题。他主要关心的问题很可能是某种想法是否能够实际应用。

（3）创新想象力。

想象力	1	2	3	4	5	6	7	8	9	10	
乐于接受别人的想法。不喜欢提出点子而喜欢以别人的点子做发挥。不喜欢担任需要创新的任务						×					有创新力，能变革，能够提供很多新点子。热衷于想新点子，采用新颖地看问题的角度

被试者的回答显示，他的创新力和想象力与大多数人相当。虽然他不是一个最有想象力的人，但是在需要的时候，他能提出新点子，面临问题时也会表现得有创意、能创新。在别人看来，他能够提供不同角度看问题，尽管可能别人不会第一个问他。

（4）遵守规矩。

服从性	1	2	3	4	5	6	7	8	9	10	
认为条例和程序很限制人的行为。倾向于非常规的工作方式。觉得没有必要遵循传统									×		原则性强，循规蹈矩且很传统。喜欢工作中有条例和程序以提供结构和依据

被试者的回答显示，他可能倾向于在有规范、有章可循的环境中工作。因此他不会不经过许可就擅自行动。他可能认为文书工作是很关键的工作，设定工作程序很有必要，而且肯定有好处。行为上他可能是个非常服从的人，倾向于按照社会上约定俗

成的，以及大多数人所期望的方式做事。

（5）适应变化。

接受改变程度	1	2	3	4	5	6	7	8	9	10	
喜欢日常工作中依照惯例进行。不喜欢太多变化和多样性。变化的初期可能会觉得不能适应						×					喜欢做新的事情。喜欢变化，也能很快适应变化。对一成不变的环境可能会失去兴趣

被试者的回答显示，他对变化的开放态度跟大多数人相当。他可能喜欢有一些新的工作方式，但也喜欢工作环境中有一些稳定性和确定性。虽然既不特别喜欢在多变的环境中，也不愿意在完全不变的环境中工作，但是他能够很快地适应环境中的变化。

（二）大学生如何提升自己的职商

加入一家新企业，一般都要经过了解、理解、调节的过程，即了解企业环境、理解企业文化、调节自己以适应企业发展。其中，调节包括态度的调节和做事方法的调节。大学生入职后要做的是：先求了解与接纳，而不是改变；尽早完成从学生角色向职场角色的转变。

案例

一位知名高等学府的学生，毕业后应聘到了一家人人羡慕的跨国公司，在五星级酒店办公，有着优厚的福利和薪酬，更有无限的发展空间。初到岗时，公司对他很满意，认为他正是公司需要的合适人选，并期盼着他的快速成长。

几乎所有的人包括他自己都会猜想他此后的职业生涯应该是顺风顺水，前程似锦。

然而，事情却一步步向着相反的方向发展……

刚开始，他凭自己的聪慧、机灵，博得了同事们的喜欢，但好景不长，他很快发现公司里有许多该改进的地方，于是就直言不讳地提出了自己的想法。刚开始，老板还客气地给予肯定。然而，提得多了，老板也烦了。结果自己所提的意见没有一条得到落实，反而得罪了不少人，包括老板和同事，自己反倒处在孤立的境地。

毕竟他是一个聪明人，很快冷静下来，开始反思：为什么会出现这样的局面？通过分析，他认为这是体制的原因，因而渐渐地对老板、同事也就没有那么多的敌意，心情也就平和了许多，继而同事和老板也渐渐地改变了对他的看法，认为他在进步，于是渐渐地对他委以重任，两三年的时间，他便升任经理。

然而，很快一场风波来临，他当初的思想，终于支配他的言行与“体制”发生了激烈碰撞，结果可想而知，他更加表现出了愤世嫉俗，处处对立，因而也处处给自己招致麻烦，最后，他不得不选择离开……

一个大家公认的才俊之士，加入一家世界知名企业，最后却不得不黯然离开，为什么？

专家分析

每一个职场人，都会对自己第一天加入公司时的种种情景印象深刻。但新鲜感很快就会过去，接下来的会是什么呢？

养过鱼的人都知道，鱼缸每次换水，对鱼都是一次考验，因为这让鱼儿换到了与以前不同的环境中，温度、水质、氧气含量、微生物含量都有变化。换水之后的鱼需要有个适应过程。

对人来说也是一样，新加入一家企业，从公司的环境布置、制度流程，到人员状态都有了明显的不同。这时，作为新加入者，你应该怎么办？怎么想？

有位新员工曾经有这样的感言：加入公司后，公司为帮助我们尽快熟悉环境，专门组织了各种活动，向我们展示公司的各个方面，让我们全面、具体地了解和感受公司，那感觉就像是在张开双臂拥抱我们。我们能做的就是张开自己的双臂，回报公司。

的确，作为新入职的员工，首要的是要敞开自己，努力来理解和接纳公司。

这里还有一个问题，那就是如何看待公司现存的不足。新加入一个公司，很容易会把看到的一切，同自己心目中理想的好的方面比较，可能很容易发现公司的不足。该怎样看待这些不足？

首先，应该肯定这些发现是好的，对公司也是有意义的。而对于新员工来说，这也是其独特价值的体现。因为一旦工作时间长了，对一些问题可能会司空见惯、习以为常，已经不那么容易发现问题了。通过适当的方式，向自己的上级反馈自己发现的问题和建议，这些都是积极的表现。这里说的适当方式，显然不能是趾高气扬的指手画脚，也不是目空一切的品头论足。

其次，还要客观看待自己的发现。要注意到你自己心目中的评价标准未必是正确的。即使是正确的，也未必可以立即实施。所以不要指望一切都会按你说的马上发生变化，甚至你的反馈也可能未被重视和关注。这样的情况下，特别要注意不能因此就心生不满，心态失衡。

事实上，任何一家公司都会有不足，永远不可能有绝对理想的环境，而现实中存在的这些问题，正是我们新员工被聘用加入的原因，也正是我们可以后续发挥作用的方面。

【知识小贴士】

请牢记，要想成为企业所欢迎的人，在职场成功发展，千万不要让自己成为以下6种类型的员工。

（1）鲨鱼型员工

这类员工的特点是：自以为是，自我感觉良好，不愿与人合作。如果他们总是这样一意孤行，不仅会使自己被孤立，也很容易被倡导“团队精神”的社会所抛弃。

（2）古董型员工

这类员工的特点是：墨守成规，循规蹈矩，拒绝接受任何新鲜事物。这种不能主动适应时代变化的人，注定难逃在激烈的竞争中被淘汰的厄运。

（3）机器型员工

这类员工的特点是：凡事都要等待别人发指令，就像电脑那样，只有按下开关才能运转，缺少积极主动的精神。在瞬息万变的现代社会，又有哪家公司愿意雇佣这样的员工呢？

（4）喇叭型员工

这类员工的特点是：平时喜欢动嘴不动手，或是“雷声大，雨点小”。是“光说不练的假把式”。显然，企业更需要的是“能说会练的真把式”。

（5）狐狸型员工

这类员工的特点是：总喜欢玩弄一些小阴谋、手段。在现代职场中，老板需要的是实干家，而非阴谋家。只有那种兼具智慧和诚信的人，才有可能在现代职场中获胜。

（6）迟缓型员工

这类员工的特点是：动作迟缓、效率低下，总喜欢把应该今天做的事拖到明天。一旦老板发现手下某位员工有这样的特点，他们将其扫地出门的时候绝对不会有任何迟缓。

职商是大学生和职场人士所需的核心能力之一。具备较高的职商可以帮助人们更好地适应职场环境，取得个人职业发展和成功。通过学习和提升职商，大学生可以更好地理解自己的优势和目标，有效地规划职业道路，并灵活应对职场挑战和机遇。大学生入职后可以通过以下几个方面来提升职商。

1. 持续学习和发展技能

不断提升自己的专业知识和技能，跟随行业发展的变化，并主动学习相关的新技术和趋势。参加培训课程、行业研讨会和在线学习平台等都是提升职商的途径。

2. 建立良好的人际关系

发展积极的人际交往能力和合作精神。与同事、上级和下属保持良好的沟通，建立信任和合作的关系。主动参与团队工作和社交活动，扩大人脉。

3. 发展领导能力

学习如何有效地领导和管理团队。培养自信心、决策力和解决问题的能力。寻求领导者的机会，展示自己的领导潜力，并寻求反馈和改进。

4. 主动参与职业规划

制定明确的职业目标，并制定实际可行的计划。了解自己的优势和兴趣，并找到与之匹配的工作岗位。定期评估自己的职业发展进展并做出调整。

5. 增强问题解决和创新能力

培养解决问题的能力和创新思维。主动参与项目和任务，并寻找创新和改进的机会。学会分析和解决工作中的挑战，并提出改进建议。

6. 建立个人品牌

注重自我营销和个人形象建设。包括在社交媒体平台上展示专业形象，参与行业讨论，并分享自己的经验和见解。注意自己的形象表达，包括仪态、语言和沟通方式。

7. 保持积极态度和持久恒心

在工作中保持积极的心态，乐于接受新的挑战和学习机会。保持专注和耐心，并克服遇到的困难和挫折。

每个人的情况和需求不同，因此在工作中提升职商需要根据自身的情况制定具体的计划。重要的是持续地反思自己的职业发展，寻找改进和成长的机会，并不断努力提升自己的职业能力和素质。

第二节　制订职业规划，完成角色转变

人的一生，经历着多次不同角色之间的转换。大学毕业走向社会，就是一种典型的社会角色转换，这个转换在其一生中十分重要。大学毕业生如果能够顺利地实现角色转换，则可以帮助和促进大学生尽快地适应新的环境，缩短磨合期。

一、学生角色和职场角色的区别

学生角色与职场角色的区别主要体现在社会责任、社会规范、社会权力、所处环境等几个方面，如表 8-2 所示。

表 8-2　学生角色与职场角色的区别

	学生角色	职场角色
社会责任不同	学好科学文化知识，掌握为人民服务的本领，使自己德、智、体全面发展。大学生是以学习、探索为主要任务，整个角色过程是一个受教育、储备知识、锻炼能力的过程	以特定的身份去履行自己的职责，依靠自己的本领或技能去为社会和他人服务。完成某项工作，是通过对工作对象的履行情况来体现的。作为职员必须适应社会，服从管理，适应上级的管理风格，在工作中犯了错误，必须承担责任
社会规范不同	主要反映在国家制订的《大学生行为准则》和各学校制订的《大学生手册》之中，告诉学生怎样做人、如何发展等，因为学生是受教育者，在违反角色规范时，主要还是以教育帮助为主	职业角色的规范因职业的不同而不同，但肯定是更严格，违背了就要承担一定的责任，甚至法律责任

续表

社会权利不同	接受外界的给予，即接受和输入，主要是要求理解，其角色的权利主要是依法接受教育，并取得经济生活的保证或资助	依法行使职权，开展工作，运用自己的知识和能力，向外界提供自己的劳动，即运用和输出，要求结合实际创造性地发挥水平，并在履行义务的同时取得报酬
所处环境不同	简单而安静的生活方式，单纯而简单的校园文化氛围，学习时间可弹性安排，有较长的节假休息日；教学大纲提供清晰的学习目标，学术上多鼓励师生讨论甚至争论；在规定时间内完成作业或工作	职场中通常会面临更高的工作压力和更高的工作期望，与在校园中相比，工作的时间限制和项目需求更加紧迫。在与领导、同事交流时通常更加正式，并要求更高的准确性和专业性

二、制订角色转变规划

大学生从年前 11 月份左右找工作直至第二年 6 月份毕业离校，这一阶段的时间跨度很大。可以说，这一时期是毕业生转换角色的重要阶段，毕业生与用人单位签约的同时，就开始迈开由学生角色向职场角色的第一步。许多毕业生把毕业前不用上班、不用上课的那段时间当成“最后的疯狂”，完全放松，那是不正确的。其实，毕业生应该从就业协议书签订到毕业离校这段时间，有针对性地学习一些工作中所需要的综合知识，提升自己的技能，提前做好职场心理准备和能力准备，以便更好地度过职场磨合期。角色转变可从以下几方面着手。

（一）从思维模式上完成转变

大学毕业生一定要清醒地认识，到进入职场后，自己的社会责任、社会角色、社会义务、社会权力及所处的环境都不同，应该按照新的环境和角色来约束自己，并承担自己该承担的责任。要摆脱学生“以学为主”的思维模式，把它转变成“以用为主”的思维模式。

（二）从心理上完成转变

学生心理是学习的心理，一切都想学，一切都感到新鲜，一切都依赖老师，总觉得别人会原谅你，会帮你；在工作中，遇到工作不会做或者做不好时往往会以自己是新学者为借口，会给自己留后路。而职场人的心理是，为什么做不好？我哪里做错了？应该怎么改正？自己会主动去找出原因和解决的办法。这是新入职的大学生要尽快改变的心理。

（三）在行动上要实现转变

大学生的行动力，或者说执行力相对较弱，这是入职后要重点解决的问题之一。大多数情况下，企业需要的不是思想家，而是实干家。所以，大学生要改变在校时高谈阔论、喜欢争辩的行为模式，把自己培养成一个行动者。

（四）在能力上要实现转变

大学生入职后，经常会面对自己的工作与大学所学不一致的情况。也就是说入职后，自己往往要学习很多的东西。这一点是非常关键的。我们要尽快熟悉业务，熟悉流程，找出工作的关键点，并尽快提升自己的职业能力。

第九章 大学生培养职商的内容

学习目标

1. 掌握职业沟通能力。

2. 掌握团队合作能力，具备解决问题的能力。

- 大学生培养职商的内容
  - 职业沟通能力
    - 倾听能力
    - 说服能力
    - 拒绝能力
    - 演讲能力
    - 商务谈判能力
    - 情绪控制能力
  - 团队协作能力
    - 了解团队成员
    - 建立良好的人际关系
    - 团队成员沟通
    - 增强信任
    - 充分发挥团队精神
    - 注重团队内部协作
    - 提升团队外部协作能力
  - 解决问题能力
    - 问题类型
    - 培养问题意识
    - 发现问题
    - 描述和分析问题
    - 确定及解决问题

职商是一种包含了判断能力、精神气质、积极态度的综合智慧，它关乎自我与工作、现状与发展的契合度，是工作时智商与情商的综合体验。职商包括职业道德、职业思想（意识）、职业行为习惯、职业技能。这里我们主要介绍职业沟通能力、团队合作能力及解决问题能力等职业核心能力的内容。

第一节　职业沟通能力

职业沟通能力是指为达到一定的工作目的而进行的交流方式和技巧。这是职业人士非常重要的一种能力，也是团队协作中的一项基本能力。职业沟通能力包括但不仅限于团队协作能力中的沟通能力，它还包括与团队之外的人员沟通、与客户的沟通、与其他合作伙伴的沟通，甚至与竞争对手的沟通等。比如销售员向客户推销产品时，就需要良好的沟通能力。沟通的主要目的就是让对方能够了解并理解你的意图，取得对方的认可和支持，与对方保持良好关系，相互信赖、相互支持，在良好沟通的过程中，使个人或组织的目的得以达成。

职业沟通能力包括倾听能力、说服能力、拒绝能力、交流技巧、沟通礼仪、演讲能力、商务谈判能力和情绪控制能力等。

一、倾听能力

倾听属于有效沟通的必要组成部分，是接收口头信息及非语言信息，并确定这些信息的含义和做出反应的过程。这句话有两层含义：第一，倾听不仅指凭借听觉器官接受言语信息，而且还包括通过文字交流等方式获取信息；第二，对接收的信息必须通过思维活动达到认知、理解并做出反应。

倾听对一个职业人来说极为重要，是一切沟通的开始。它具有四个主要意义：第一，是信息的主要来源；第二，有利于知己知彼；第三，可以帮助自己获得友谊和信任；第四，是推销自己的最好手段。拥有不同倾听能力的人所取得的沟通效率会有很多差别，这主要源于不同倾听者的倾听方式或态度，沟通不畅者可能遭遇了倾听障碍，这是我们应该注意的。

（一）倾听的障碍

倾听的障碍主要有主观障碍和客观障碍两大类。

主观障碍的产生可能与倾听者过于自我、固有偏见、急于表达自己、急于结束谈话等有关系。其表现为：在倾听中随意打断对方讲话；不和对方进行目光交流；任意中止对方的思路；催促对方；在沟通时，心不在焉，同时接电话、发邮件、打游戏等。

客观障碍主要是因沟通环境的不同，可能会对沟通者造成一定程度的影响，因此，不同的沟通话题应该安排在不同的环境下进行。

（二）倾听的要点

要想提高沟通效率，就必须注意倾听的要点。在沟通中，倾听者不能听而不闻，或者对别人的话选择性地倾听，或者非常专注但未注意对方其他的非语言表达，我们需要的是有效倾听。所谓有效倾听是自己真正主动地参与沟通，聚焦讲话内容，把注意力集中在讲话者的身上，不带偏见，不先做预判，并与对方进行眼神交流。这样会取得很好的沟通效果。以下是 9 个倾听的要点。

（1）克服以自我为中心。不要总是谈论自己。

（2）克服自以为是。不要总想占主导地位。

（3）尊重对方。不要打断对话，要让对方把话说完。

（4）不要激动。不要匆忙下结论和急于评价对方的观点，不要急切地表达建议，不要因为与对方不同的见解而产生激烈的争执。

（5）顾全大局。不要把精力放在思考怎样反驳对方所说的某一个具体的、小的观点上。

（6）不做预判。尽量不要边听边琢磨对方下面将会说什么。

（7）放弃偏见。自问自己是不是有偏见或成见，它们很容易影响你的态度。

（8）集中精力。不要使你的思维跳跃得比说话者还快。

（9）注重细节。不要做小动作，不要走神，不必介意别人讲话的特点。

（三）学会倾听

倾听是职场沟通中的一门艺术，需要认真地学习。在沟通时，要努力做到排除干扰；要有身体的参与、言语的参与和思想的参与。倾听时要注意以下几点：

（1）要体察对方的感觉。一个人感觉到的往往比他的思想更能引导他的行为。体察对方的感觉，意思就是指将对方想要表达的情感复述出来，表示接受并了解他的感觉，有时会产生比较好的效果。

（2）要注意反馈。倾听别人的谈话要注意信息反馈，及时查证自己是否理解对方的意思。你不妨这样说："不知我是否理解你的话，你的意思是……。"一旦确定了他的意思，就要进入积极实际的帮助和建议。

（3）要抓住重点，不要纠结细枝末节。善于倾听的人总是注意分析哪些内容是主要的，哪些是次要的，以便抓住说话者的主要意思，避免造成误解。

（4）要关怀、了解、接受对方，鼓励他或帮助他寻求解决问题的途径。

（5）倾听中，目光专注柔和地看着对方，适时给出回应，比如点头和"嗯"，表示你正在认真听。

（6）没有听懂的地方要及时提出并沟通，以免造成误解。但不要喧宾夺主，更不要把话题扯开。

（7）不要嘲笑对方，也不要带着高姿态点评对方。即使你不赞同他的想法，也要给予他理解和安慰。

（8）换位思考。你可以从对方的角度看问题，但提出的建议一定要出于自己的角度，对方想听到的是"你的意见"。如果担心自己的想法太过主观，尝试从多个角度切入问题，如此可以尽可能地确保客观、公正。

（9）当然也有可能，对方在诉说的过程中，自己渐渐有了主意。如果你觉得你的想法会更好，那么作为一个提议告诉他，帮他参谋而不是做决定。决定是当事人自己做出的。即使他最终没有采纳你的建议，也要给予他鼓励和祝福。

（四）倾听的准备

倾听者在沟通前要做适当的准备，比如准备好纸和笔，以便对对方的讲话内容及重点进行记录；挑选合适的环境，以保证能够完整地"听"到对方想表达的所有信息。

在沟通中，倾听者应该用身体语言表示你对别人的言语感兴趣。

具体做法是：身体略向前倾；与对方保持目光接触；集中注意力，不要让自己因外界干扰而分心（关闭手机）；必要时，可根据你的理解用自己的话复述对方讲过的信息，看看说话人是否认可你的理解。这些动作和态度会鼓励说话人“无拘无束地畅谈”；做记录以备日后参考，但只要记录交流的重点；观察说话者的态度举止和说话风格。

二、说服能力

说服别人接受自己，是我们沟通的主要目的。但要想让别人接受你，可不是一件容易的事。所以要掌握一定的原则和方法。

（一）说服的原则

说服要掌握四个原则：第一，必须用真诚、可靠、权威、专业的态度和魅力来与对方建立信任感；第二，注重事实，注意逻辑性、合理性，注意信息的有效利用；第三，注意说话方式，依靠情感的力量，动之以情；第四，了解说服对象，从对方的角度看问题，感同身受。

（二）说服的技巧

（1）善于提问。提问时，应先从简单问题问起；多设计对方可以“是”“可以”“行”回答的问句；多提“二选一”的问题。

（2）以对方的认识为起点，强调给对方带来的利益。

（3）模仿对方，寻找相似点。

（4）借力打力。要善于借别人的力，特别是借名人、专家、领导的力。

（5）“使人信”六步法。直接提出对方的问题——协同对方分析原因——帮助对方搜集相关解决问题的信息——把自己的观点留在最后——协助对方依次分析解决方法——让对方接受我们的解决方案。

（6）暗示说服法。就是不明确说出自己的主张和建议，而只是采取旁敲侧击、借此言彼的方式暗示对方，让对方自己做出判断。

（7）对比说服法。就是把最不利和相对有利的方面一起介绍给对方，让对方在二选一的过程中接受相对易于接受的方法。

三、拒绝能力

沟通中不仅要说服别人，也经常需要拒绝别人。这是人与人之间非常正常的交流状态。但是，有的拒绝会伤害对方，有的拒绝则易于被对方接受，这就是拒绝能力不同所造成的。每个人都会拒绝别人，经常会用“不”“不行”这样的字眼。但是说这些话时确实需要技巧。

（1）直接拒绝法。如果是明显无理的要求，我们可以直接拒绝。拒绝时语气要肯定。

（2）巧妙转移法。如果是很难直接拒绝的要求，可以先对对方的要求表示理解和赞许，然后慢慢说出自己的困难，取得对方的谅解和同情，委婉地拒绝。这样也尊重了对方。

（3）微笑打断法。这种方法主要用于别人可能提出了一个让你为难的请求，你可以尽量打断他的思路或话题，把话题引导到其他地方去。

四、演讲能力

演讲能力是即将走出校门的大学生最应该培养的能力。演讲就是考验我们说什么、怎么说的能力。这里要注意的就是：

（1）我向谁演讲。听众对象一定要搞清楚，听众的背景、需求和对演讲的反应要搞清楚。

（2）我要讲什么。演讲的内容要明确。

（3）我如何演讲。演讲的方式要安排好。

五、商务谈判能力

商务谈判能力是指在商务谈判过程中，通过对经济、政治、文化等方面的信息进行收集、整理和分析，并根据分析的结果制定出对双方均有利的方案，进而实现交易目标的能力。

商务谈判能力包括三个方面：信息搜集能力、沟通能力和决策能力。

（1）信息搜集能力。信息是开展商务谈判的前提和基础，掌握准确全面的信息，可以保证谈判过程中不至于出现判断失误，造成谈判失败。

（2）沟通能力。沟通能力是指在商务谈判过程中，通过有效地表达和倾听来理解对方的意图，进而让对方接受自己的观点。同时在商务谈判过程中还需要注意对对方话语中不准确、模糊、矛盾之处进行判断和纠正，避免误解和失误。

（3）决策能力。决策能力是指在商务谈判过程中，谈判双方通过对经济、政治、文化等方面的分析，从多个角度对一些问题进行研究和讨论，并最终得出一致的结论。在此过程中需要谈判双方能够准确把握各种因素之间的关系，进而通过决策来影响商务谈判的结果。

所以说商务谈判能力是一种综合能力，不是单一能力。

六、情绪控制能力

情绪是指人对客观事物的态度体验，包括认识、情感和意志等方面的心理活动。人的情绪活动具有多种形式，但大体可分为积极和消极两种：积极情绪包括快乐、愉悦、满意、愉快、欢喜、高兴等；消极情绪则是痛苦、烦恼、忧伤、恼怒等。情绪控制能力是指个体对自身的情绪状态的控制能力。情绪控制能力与人的心理健康密切相关，对人们的行为具有重要影响。

一般来说，具有较高情绪控制能力的人，其人际关系更和谐，其行为更有效率。

在现实生活中，由于各种原因，一些人容易出现消极情绪或消极行为。如在家庭中，子女经常受到父母的训斥和责骂；在工作中，面对同事的无端指责或不公平待遇时，有些人容易产生不满甚至怨恨的情绪；在社会生活中，面对一些突发事件或意外情况时，有些人容易产生愤怒、沮丧或自卑等情绪。这些消极情绪不仅影响个人工作和生活质量，而且会影响人际关系和社会交往质量。

案例

某天，某公司办公室内突然传来激烈的争吵声，一男一女，仿佛出了什么大事。经理急忙跑过来一瞧，只见一男一女两人争吵着要动手。经理及时制止了两人的争斗，分别把两人叫到办公室询问。事情源于男职工是一位新员工，过两天要开会了，需要使用名片，想请这位女员工帮他设计一下名片。他没注意到这位女员工手头工作较多，忙得不可开交。而这位女员工由于工作原因而心情不太好，根本无心与他搭腔。就这样一件小事，结果差点酿成一场硬仗。不仅影响他们两个人的情绪，而且也使办公室的气氛突然严肃起来。

评注：冲动是魔鬼，坏情绪就像瘟疫一样会传染。一个人是否能够控制住自己的情绪，或者说，一个人控制情绪的能力大小，在一定程度上直接决定他的成就大小。因此，一个有情绪控制能力的人，更容易被别人尊重。

人的一生中，经常会有情绪不佳的状态，这是每个人都避免不了的。所以我们要从以下几方面提升自己控制情绪的能力。

（一）明确情绪产生的原因

人的情绪活动与外界环境、个人生理状况和精神状态等因素有关。例如，一个人如果身体健康，人际关系良好，工作积极上进，那么他就不太可能出现消极情绪。再如，一个人如果精神状态良好，但身体不好或生活不顺，那么他就容易出现消极情绪；如果一个人在社会生活中经常受到意外事件或不公平待遇等，那么他就容易产生自卑；等等。

（二）提高认识情绪的能力

认识情绪的目的是让个体更好地控制情绪。因为对情绪的认识水平越高，个体就越能运用理智去控制和调节自己的情绪。在认识情绪的过程中，个体要注意以下几个方面：首先，要关注和研究情绪产生的具体情境、个人经历和思想观念等因素；其次，要认真思考个人对这些因素的认识是不是全面、深刻、准确和真实的；再次，要注意情绪发生发展过程中个体自身心理活动的变化，如是否出现了认知失调或认知歪曲等。此外，还要注意观察和研究情绪产生时他人以及周围环境所做出的反应。只有这样，才能对自己和他人的情绪状态有一个客观全面的认识，从而提高对自己和他人情绪状态的认识水平，提高对情绪调节的自觉性。

（三）培养正确的思维方式

思维方式是人的思维活动中所具有的一种倾向性和特点，它直接影响人的情绪。它与个体的价值取向、人格特质、心理需求和兴趣等因素有关。通常，人们在思考问题时，总是从自己的立场出发，总是把自己想成“好”或“坏”的人，而不是站在他人角度去考虑问题。因此，如果一个人总是从自己的角度出发，他就很难认识和理解他人，也很难与他人建立良好的人际关系。因此，要培养一个人良好的情绪控制能力，必须从培养正确的思维方式入手。

（四）掌握情绪控制的方法

情绪控制主要通过认知控制和行为控制两种方法实现。认知控制是指通过改变个体对情绪和事件的评价，使个体产生积极情绪。在实际生活中，可以把认知控制方法与行为控制方法结合起来运用。

认知控制方法主要有：

（1）改变对事物的认识。如当学生考试成绩不理想时，可以引导学生对自己的学习成绩进行积极评价，并从中找到自己的长处和不足之处。

（2）改变对问题的看法。如当学生出现消极情绪时，教师可以引导学生改变对问题的看法，让他们认识到问题可以通过努力解决，从而获得成功体验。

（3）改变对消极事件的认知。如当学生出现情绪困扰时，教师可以引导学生改变对事件的认知，让他们认识到自己所面临的问题是暂时的，只要积极努力就能解决。

行为控制是指通过对情绪和行为的调节，使个体产生积极情绪。在实际生活中，可以采取以下几种方法：

（1）积极暗示法。当个体出现消极情绪时，可以告诉自己：“我现在很不开心”，“我正在生气”，“我要控制好情绪”等等。

（2）转移注意法。当个体出现情绪困扰时，可以做一些自己喜欢的事情来转移注意力。如听音乐、看电视、逛街等。

（3）合理宣泄法。当个体出现不良情绪时，可以通过合理的方式宣泄出来。

第二节　团队协作能力

所谓团队，就是为了实现某一个目标而由相互协作的个体所组成的正式群体。团队协作指的是一群有能力、有共同信念的人在特定的团队中，为了一个共同的目标相互支持、配合、奋斗的过程。因此，团队协作能力，就是指以团队为基础，发挥团队精神、相互欣赏、相互信任、互补互助、共同解决争议，从而使团队获得最大工作效率的能力。一个好的团队并不要求每个人在每个方面都非常强，而是指团队成员能够很好地互相学习、相互配合、相辅相成，为达成共同目标而努力。这正是团队有别于其他普通工作群体的原因。

对大学生而言，培养团队协作能力最关键的是要培养如何融入团队？如何与团队成员沟通？如何与团队成员增强信任？如何承担责任？如何充分发挥团队精神、注重团队的内外部协作等。

团队中的不同角色有不同的能力要求，而不同角色间又需要很好的配合，才能达到团队所追求的共同目标。

比如，一个出版团队，既要有很好的策划成员，能策划出选题；还要具有优秀作者资源的“外交家”，能组织好稿源；同时，也要有优秀的文字编辑、美术编辑，以保证书稿的质量和美观；另外，还要有印制团队，保证图书的装帧质量；最后，还要依靠发行人员，将产品销售出去。其中哪一个环节都不可或缺。一个好的出版团队，能够确保自己策划生产的产品能够满足市场的需求，为团队获取合理的利益，而配合差的团队则会陷于“编辑责怪发行人员书卖不出去，发行人员抱怨编辑编的书不好卖”的怪圈中，以致团队亏损。这里团队成员的配合就非常重要。比如，发行人员不是光卖书，而是要从市场采集自己产品的第一手信息，反馈给编辑或者印制部门，以便在再次印刷出版时，及时根据顾客的需求做出调整；或者策划及制作出新的、更适合读者的新选题和读物。

在组织中，团队协作能力的强弱直接影响到企业的效率和效益。因为团队协作能使员工们发挥出最佳效率，并且让员工们在完成工作任务时更加积极、主动、热情，更能以最快的速度完成任务。而团队协作能力强的员工，其在工作中也会有更好的表现。

一、了解团队成员

对团队成员进行了解是在团队协作中进行有效沟通的前提，因为只有了解团队成员，才能对他们进行恰当的沟通，使沟通达到预期效果。

首先，要了解团队成员的性格特点。每个人都有其不同的性格特点，这些性格特点会直接影响到他们在工作中的表现。不同能力水平的人会有不同的表现方式。对于能力较强的人来说，他们可能会更注重与他人合作并发挥自身优势，从而在团队协作中有更好的表现。而对于能力较弱者来说，他们可能更倾向于独自完成任务。最后，要了解团队成员在工作中所处的位置。不同角色和不同性格的人对同一事物会有不同的理解和认知。因此，在进行沟通时，必须了解每个成员所处的位置和角色。

二、建立良好的人际关系

团队中的每一位成员都应该充分认识到自己在团队中的角色，并为实现共同目标而努力。在此基础上，还要学会与他人沟通，并对自己的想法和观点加以调整以达到预期目标。此外，团队成员之间的关系也需要不断地维护与改善。如果团队中存在着消极、矛盾等问题，那么就会直接影响到团队整体协作能力的发挥。因此，每个成员都要对团队进行维护，使其保持良好的关系。当团队遇到困难时，所有成员都要主动站出来，与团队共同解决问题；当出现问题时，所有成员都要共同参与讨论、提出自己的想法和观点，并对其加以调整以达到预期目标；当团队完成一项任务后，所有成员都要互相祝贺和感谢，同时要相互关心、帮助、鼓励。

案例

刘伟大三时孤身一人来北京某公司实习。随着她的到来，给这个公司的团队带来了新的活力。她热情大方、快乐自信、尊重老职工，很快成为公司的开心果。由于她的谦虚自信，不少老员工也主动在业务上帮助她，使团队的整体氛围更加和谐，效益也不断提高。

三、团队成员沟通

团队成员沟通是团队协作的重要内容，其不仅包括在团队间的信息传递，还包括所传递的信息是否能被其他人所理解。涉及语言表达能力、文字表达能力、肢体语言表达能力、新技术表达能力等。

在团队成员进行沟通时，要注意遵循四个原则，即：及时与同步性原则、准确与简洁性原则、透明与公开性原则、效益与效率性原则。

（1）及时与同步性原则。指沟通双方应同时进入沟通系统和沟通角色，双方处于平等交流的位置。

（2）准确与简洁性原则。指的是沟通双方要对沟通的时间、地点、内容等进行明示，而且，对沟通内容的讨论更应简洁，表明态度，便于互相了解。

（3）透明与公开性原则。应该让参与沟通的每一个人都清楚地了解沟通的内容，确保大家的参与性、知情权。

（4）效益与效率性原则。沟通要注意效率，效率即成本。这涉及沟通的目的、围绕这个目的而展开的沟通过程以及沟通的时间性。

案例

某单位领导开会时下达了一项任务，安排某组几名员工负责进行某项公益活动的前期调研。在会后过了一段时间，该领导去项目组了解项目进展情况，才发现这个小组还没有启动这个项目，原因是组长误以为该领导说要等方案完善后再做调研，因此，还没让组员行动。而调研结果是制定本次活动方案的重要依据。由于领导表达的意图与成员的理解有差异，导致结果不理想。好在领导及时发现，予以补救，才使项目得以正常进行。

四、增强信任

一个团队是否有凝聚力，核心就在于团队成员的信任程度，彼此之间相互了解、信任。这种信任是团队成员通过长期的接触、交流、合作而建立起来的。但是，在一个团队中，可能会存在着各种各样的问题：

（1）由于大家工作分工不明确，导致任务不能按时完成，团队成员相互推诿责任；

（2）因为某些个人原因，导致了某个任务被拖延或者取消；

（3）团队成员之间互相猜忌，不愿意分享工作中的信息和意见；

（4）由于种种原因，导致了某个项目或某个任务不能顺利开展；

（5）团队成员之间缺乏必要的沟通和协调。

因此，如何让团队成员增强相互之间的信任呢？

（一）明确团队任务

在团队中，应该把任务明确下来，让团队成员清楚自己的职责和分工，在完成工作过程中，能够及时沟通交流，相互协作；

（二）建立良好的沟通渠道

建立良好的沟通渠道是保证团队工作顺利进行的前提条件之一，好的沟通渠道可以促进团队成员之间的了解和信任；

（三）增强彼此信任

信任是团队成员之间合作最好的基础，一个有凝聚力的团队需要大家相互信任才能够更好地完成任务；

（四）形成良好的工作习惯

团队成员之间相互信任需要在日常工作中不断磨合和培养，这就要求每一位团队成员都要养成良好的工作习惯，才能为形成良好的信任关系打下坚实的基础。

五、充分发挥团队精神

团队精神是一种凝聚力，它能使大家心往一处想，劲往一处使，充分发挥团队的战斗力。

一个人的力量是渺小的，团队的力量是无穷的。每一个成员都要把自己与团队紧密联系在一起，融入团队当中去，不要只考虑自己。如果说个人目标是大海上的一盏明灯，那么团队目标就是夜空中的一轮明月。只有两者有机地结合起来，才能取得工作上的成功。要建立有效的沟通机制，不仅要有良好的沟通能力，而且要有良好的合作精神。我们应该本着“上对下”“内外有别”“有言在先”“言行一致”等原则来进行沟通。只有这样才能有效提高团队凝聚力和向心力，确保团队成员充分发挥各自优势，形成合力。

六、注重团队内部协作

团队的内部协作是团队成功的基础，而团队内部协作的核心就是：信任。在工作中，人与人之间的信任是相互的，如果你相信一个人，他就会相信你。团队内部信任是靠大家共同努力去维持的。人们对于不熟悉的人会有一种天然的排斥心理，在工作中尤其明显，一旦团队中出现了不和谐的因素，那么就很容易形成相互间的对立，这样就会导致整个团队无法正常工作。所以我们在工作中要时刻注意营造良好的氛围，在工作中尽量避免出现矛盾和冲突，这样才能更好地促进团队协作。

一个好的团队应该是一个没有敌人、没有分歧、没有矛盾、相互信任、相互支持、相互帮助的有机整体。因此，我们在工作中要时刻注意团队成员之间是否存在矛盾或分歧，如果存在，那么我们就要想办法去解决，如果不能解决也不要轻易下结论。

七、提升团队外部协作能力

当团队成员能够在与其他团队成员的合作中，学到新知识、新技能，提高自己的沟通、协调、处理问题的能力时，就会在团队中表现得更出色，获得更多的机会和支持。

然而，团队成员之间的相互协作还需要一定的外部条件。如果团队成员能够从其他团队成员那里学到很多东西，这对提升他们自身的协作能力也是很有帮助的。因此，当团队成员在与其他团队成员合作时，也要有意识地培养自己的协作能力。

在一个相互协作、相互竞争的环境中，合作精神对每个人都是有益处的。当你与他人进行合作时，要学会分享、妥协和相互理解；在别人做出让步时，也要学会表示感谢；当你取得成功时，也要向其他人表示感谢；当你遇到问题时，也要积极地向其他人寻求帮助。

优秀的团队协作能力不仅可以帮助个人发展，还可以提升整个团队的发展。通过提升团队成员之间的协作能力来推动整个团队更好地发展是一个非常好的方法。

总之，提高自己和他人之间的协作能力不仅是一种自我提升、自我完善的过程，更是一种对他人有益、对未来有益的行为。

【小链接】

开放型成员的行为特征

(1) 能够坦率表达自己的观点，你用不着去琢磨他在想什么。

(2) 乐于提出问题并找到解决问题的可行办法。

(3) 乐于讨论一些微妙的问题。

(4) 敢于提出自己的观点，并接受大家的反馈意见。

封闭型成员的行为特征

(1) 经常处于自我防卫状态。

(2) 不够坦率。

(3) 过于相信自己的感觉，不善于处理那些对自己很重要的问题。

(4) 很安静、内向。除非别人问到自己，否则不会主动发言。

具备互助精神的成员特征

(1) 愿意为团队的成功做出贡献，并努力寻求最好的方案。

(2) 做很多幕后工作来帮助团队取得成功。

(3) 只要有需要，无论何时都会全力投入。

(4) 总是乐于帮助他人，态度积极，愿意承担更多的责任。

(5) 很好相处，一起工作是一件快乐的事。

(6) 仔细倾听他人的观点。

缺少互助精神的成员特征

(1) 总是利用他人来完成自己的工作，而自己却不愿意帮助他人。

(2) 控制欲比较强。

(3) 以个人利益为导向，不以大局为重。

(4) 不与其他人交流。

(5) 不太关注别人的感受。

(6) 不想了解别人的观点，没耐心倾听别人。

较强行为能力成员的特征

(1) 积极面对挑战，渴望有所成就。

(2) 对于现实需要积极回应。

(3) 想尽一切办法为团队带来更多业务。

(4) 精力充沛、学习能力强，工作安排得井井有条。

(5) 敢于面对问题和困难。

凝聚力高的团队的特征

(1) 团队内部沟通渠道畅通、信息交流频繁，无沟通障碍。

(2) 团队成员有归属感。

(3) 团队成员具有较强的参与意识、强烈的事业心和责任感，并以主人翁的角色出现。

(4) 团队成员具有很强的协作能力，互助风气明显，信息共享氛围浓厚。

(5) 虽然个人有很多发展机会，但还是愿意将自己的前途与团队的前途绑在一起。

第三节　解决问题能力

所谓问题，就是目标（理想）与现实的差距，是需要通过思考或研究才能解决的疑难和矛盾（或题目），也可以说是在把一种情形转化为一个优选的情形或目标时所遇到的不确定性、困难或障碍等。

解决问题就是要达到比现在更好的状态，或者是把一种现在我们不满意的情形转换为另一种我们满意的情形。也就是说，解决问题就是在这两种状态的差距之间构建桥梁的行动。

解决问题的能力是一种让人终身受益的、具有可迁移性的职业核心能力。解决问题的技能决定着一个组织和个人的业绩，是一个人生存和发展不可或缺的重要技能。

解决问题的前提是发现问题，而发现问题则要求我们要具有问题意识。所谓问题意识就是一种对问题的产生和发展方向能做出正确预测的能力。没有问题意识，很多问题就无从谈起，更谈不上去解决，现状也就得不到改善。

这里，我们分别介绍了问题、解决问题、解决问题的能力和问题意识四个概念。而要提升自己解决问题的能力，则必须善于了解问题、分析问题、描述问题、确定问题，并制定问题解决方案、着手解决问题，然后对结果进行分析、评估，以确定问题是否得到圆满的解决。

一、问题类型

根据问题的性质可分为：紧迫问题和重要问题、长期问题和短期问题、主要问题和琐碎问题；根据问题的层次和视角可分为：目标设定产生的问题、追求理想产生的问题、正在发生的问题、将来可能发生的问题；根据问题发生的形态可分为：发生型问题、探索型问题和假定型问题。问题的基本架构是：

问题＝目标或理想＋现实＋制约因素

问题是作为一种结果而发生和存在的。而问题点则是隐藏在问题产生的诸多原因之中的。习惯上，人们把引起问题产生的那些原因称为问题点。但需要注意的是，并不是所有引起问题产生的原因都可称之为问题点，只有那些能够加以解决并有必须解决的原因才能称为问题点，问题点才是我们解决问题时需要关注的重点。

以下事情容易产生问题：自己有疑问的事、自己不适应的事、会引起争执的事、使自己感到有压力的事、自己无法解决的事、无法达成目标的事、与他人存在意见分歧的事、现状有异常的事、目标不明确的事、缺乏适当实现条件的事、没有条理的事、未来可能出现危机的事。

二、培养问题意识

问题意识是主体在认知活动中，通过对认知对象进行积极主动的洞察、怀疑、批判，而发现问题，并表现出对所发现问题的一种强烈的探究性和前瞻性的反应状态。这种状态可以促使主体不断地分析问题、思考问题和解决问题。因此，培养自己的问题意识非常重要。其中经常用到的就是批判性思维和发散性思维。

（一）如何培养问题意识

具有问题意识的人往往能够主动发现和捕捉问题，并且尝试找到解决问题的方法。他们具备批判性思维和分析能力，能够提出有针对性的问题，并寻找改进和创新的机会。但是培养问题意识需要时间和实践，同学们可以通过以下方法来培养问题意识。

1. 保持好奇心

保持对周围世界的好奇心，时刻观察并思考为什么事情是这样的，为什么它们发生了，有没有更好的方式来解决问题。

2. 提问自己

在面临某个问题或困难时，始终问自己一系列问题。这些问题可以涉及问题的根本原因、可能的解决方案、影响等。通过不断提问自己，你会发现问题的更多细节和可能的解决途径。

3. 持续学习

通过学习不同领域的知识和技能，你可以了解更多问题和解决方法。与其他人分享你的知识和经验，也能帮助你看到问题的不同角度。

4. 创造性思维

培养创造性思维，思考新的解决方法和创意解决方案。尝试思考问题的反面，以找到更多可能的解决途径。

5. 团队合作

与他人合作解决问题可以激发你的问题意识。通过与不同背景和经验的人合作，你可以从不同的角度看待问题，并收集更广泛的解决方案。

6. 反思经验

经常反思自己的行动和决策，并思考是否存在问题可以改进的地方。这可以帮助你从经验中学习，不断提高问题意识。

（二）缺乏问题意识的表现

（1）同一问题重复发生。

（2）品质不良率偏高且无改善。

（3）极少改善提案。

（4）工作被动。

（5）各种浪费现象严重。

（6）异常情况常被掩盖。

（7）工作表面化。

（8）遇事找借口。

（三）拥有问题意识的条件

（1）具有解决问题的强烈意愿。

（2）能明确指出解决问题所要实现的目标。

（3）能在解决问题之前制订出完整的计划。

（4）能为解决问题设定一个明确的期限。

（5）能保证解决问题进度符合既定的计划。

三、发现问题

发现问题需要极强的观察能力、一定的信息处理能力和学习能力、与众不同的思维能力，要多与人交流、多搜集信息，专注于自己擅长的事，还要善于运用工具，如鱼骨分析法、头脑风暴法等。

（一）鱼骨分析法

鱼骨分析法（也称为因果关系图或石板图）是一种用于分析问题根本原因的工具。它从一个问题出发，通过将可能的原因分为不同的类别，形成一个组织结构类似于鱼骨的图表（如图 9-1）。

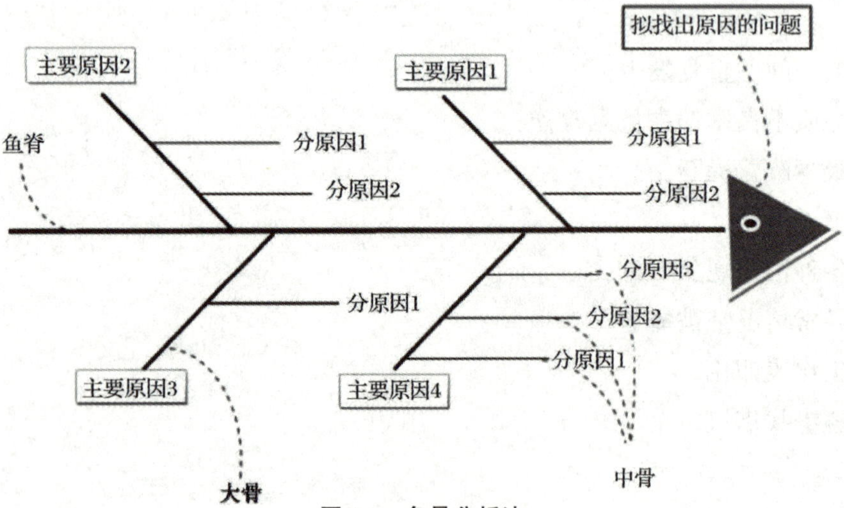

图 9-1　鱼骨分析法

1. 鱼骨分析法的使用步骤

当使用鱼骨分析法时，可以遵循以下步骤：

（1）确定问题：明确要解决的问题，并将其写在鱼骨图的头部。

（2）确定主要原因类别：将可能导致问题的主要原因类别列在图表的主干上。这些类别应该涵盖所有可能的原因，例如人员、方法、机器、材料、环境和测量。根据具体情况，你可以自定义适合问题的原因类别。

（3）分析分支原因：针对每个主要原因类别，让团队成员一起讨论可能的分支原因，并在图表上绘制斜线。这些分支原因应该是导致主要原因的不同方面。

（4）确定子原因：对于每个分支原因，进一步细分出可能的子原因。这些子原因应该是问题发生的具体细节，需要进行更深入的分析。

（5）分析和优先排序：评估每个分支原因和子原因的重要性，并讨论其对问题的贡献程度。团队可以根据重要性对这些原因进行排序，以确定解决问题的关键点。

（6）制定解决方案：针对每个分支原因和子原因，制定相应的解决方案。根据问题的紧迫程度和资源的可用性，确定优先处理的问题。

（7）实施和跟进：执行并跟踪解决方案的实施情况。定期评估解决方案的有效性，并根据需要进行调整。

鱼骨分析法的目的是帮助团队全面分析和解决问题，促进团队合作和创造性思考。它可以应用于各种领域，如生产管理、服务质量改进、项目管理等。

2. 鱼骨分析法的使用原则

使用鱼骨分析法时，可以遵循以下几个原则：

（1）多角度思考。鱼骨分析法要求从多个角度考虑问题的根本原因。确保选择全面覆盖问题的主要原因类别，并在每个类别下考虑可能的分支原因。这有助于避免局限性思维，促进深入的问题分析。

（2）团队合作。鱼骨分析法是一项团队合作的方法。它鼓励团队成员共同讨论和分析问题的原因，并在图表上进行记录和分类。通过集思广益，可以获得来自不同视角和经验的意见，帮助识别问题的根本原因。

（3）有限原因。在进行鱼骨分析时，要注意抓住那些有限的、可以被改变或解决的原因。避免陷入无法改变或难以解决的原因，因为这可能会阻碍问题的解决。

（4）数据支持。在分析分支原因和子原因时，尽量基于事实和数据进行推断和讨论。这有助于确保分析的准确性和客观性。

（5）优先处理。根据分析结果，确定解决问题的关键点并优先处理。有时候，解决一个主要原因或几个关键的子原因可能会解决整个问题，而不需要针对所有原因采取行动。

（6）持续改进。鱼骨分析法不仅帮助解决当前的问题，还为持续改进提供了框架。通过实施解决方案、定期评估和监测，可以持续追踪问题的解决情况，并根据需要进行调整和改进。

鱼骨分析法的使用原则旨在确保系统性地分析问题，找出根本原因，并制定相应的解决方案。这种方法可以在解决复杂问题和提高团队效能方面非常有效。

（二）头脑风暴法

头脑风暴法是一种通过集思广益、发挥团体智慧，从各种不同角度找出问题的所有原因或构成要素的会议方法。头脑风暴法有四大原则：严禁批评、自由奔放、多多益善、延迟批评。

1. 头脑风暴法的四大原则

（1）禁止批评。参加头脑风暴会议的每个人都不得对别人的设想提出批评意见，因为批评对创造性思维无疑会产生抑制作用。同时，有些人习惯于用一些自谦之词，这些自我批评性质的说法同样会破坏会场气氛，影响自由畅想。

（2）自由奔放。参加者不应该受限制，放松思想，让思维从不同角度、层次、方位，大胆地展开想象，提出独创性的想法。

（3）多多益善。头脑风暴会议的目标是获得尽可能多的设想，参加会议的每个人都要抓紧时间多思考，多提设想。至于设想的质量问题，自可留到会后的设想处理阶段去解决。在某种意义上，设想的质量和数量密切相关，产生的设想越多，其中的创造性设想就可能越多。

（4）延迟批评。坚持当场不对任何设想作出评价。既不能肯定某个设想，又不能否定某个设想，也不能对某个设想发表评论性的意见。一切评价和判断都要延迟到会议结束以后才能进行。这样的主要目的是防止评判约束讨论者的积极思维，破坏自由畅谈的有利气氛。集中精力先开发设想，避免把应该在后阶段做的工作提前进行，影响创造性设想的大量产生。

2. 头脑风暴法的基本程序

（1）确定议题。确定议题是为了更加确定我们要讨论的目标，是要解决什么问题，同时，也不会限制多种解决问题方案的提出。

（2）会前准备。为了确保头脑风暴激发出更高的效率，讨论前做适当的准备是必要的。参与者应在讨论前对有关讨论问题的背景和当下动态有一定的了解，这样才能更好地刺激思维；圆形座位排列比教室形座位排列更有利于活跃气氛。

（3）确定人选。一般以 8 至 12 人为宜，也可略有增减。讨论者人数太少不利于交流信息，激发思维；而人数太多则不容易掌握，发言的机会少也会影响会场气氛。

（4）明确分工。选择一名主持人，1 至 2 名记录员。主持人在会议进程中启发引导，掌握进程。如通报会议进展情况，归纳某些发言的核心内容，提出自己的设想，活跃会场气氛，或者让大家静下来认真思索片刻再组织下一个发言高潮等。记录员应将与会者的所有设想都及时编号，简要记录，最好写在黑板等醒目处，让讨论者能够看清。

（5）筛选阶段。会议结束后的一两天内，主持人应向与会者了解大家会后的新想法和新思路，以此补充会议记录。然后将大家的想法整理成若干方案，再根据诸如可识别性、创新性、可实施性等标准进行筛选。经过多次反复比较和优中择优，最后确定 1～3 个最佳方案。这些最佳方案往往是多种创意的优势组合，是大家的集体智慧综合作用的结果。

四、描述和分析问题

分析是一切事情的起点，这是一个十字路口，它决定了你解决问题的方向。分析问题时要注意全面性、逻辑性和定量性。

（一）描述问题

描述问题要精准、清晰、简洁，通常采用以下方法。

1. 5W1H 问题描述法

5W1H 就是 6 个英文单词的首字母，What、When、Where、Who、Which、How，分别指问题是什么、什么时间、什么地点、涉及谁、问题发生的频率、影响程度。

2. 数字化或量化描述问题的方法

可以量化或用数字描述的问题，尽量用数字描述。比如，2023 年，我国大学毕业生人数 1158 万人，2023 年也被媒体称为“最难就业季”。这种巨大的就业压力对国家而言就可以称为就业问题。

3. 图表化描述问题的方法

图表化是一种比较直观的问题描述方法，它能够清晰地展示数据和关系。以下是几种常见的图表类型：

（1）条形图：用于比较不同类别的数据，条的长度代表数值的大小。

（2）折线图：用于显示数据随时间变化的趋势，通过连接数据点来表示连续的数据。

（3）饼图：用于显示数据的相对比例，整个圆表示总体，扇形的大小表示不同类别的占比。

（4）散点图：用于显示两个变量之间的关系，每个点代表一个数据点，横轴和纵轴分别表示两个变量。

（5）柱状图：与条形图类似，用于比较不同类别的数据，柱的高度代表数值的大小。

（6）热力图：用于显示二维数据的密度和关系，颜色表示数值的大小，越深表示数值越大。

选择适当的图表类型取决于问题的特点和需要传达的信息。确保图表清晰易懂，标注准确，同时避免误导和歧义。

（二）分析问题

问题提出之后，就需要对搜集的信息进行分析整理，找出问题产生的原因，这相当于问题的认知过程。经常采用的方法有：因果分析法、比较分析法、逻辑树分析法。

1. 因果分析法（鱼骨图分析法）

确定问题—分析原因—绘制因果图—确立原因类型—分类原因—分析根本原因。

2. 比较分析法

把你遇到的问题与你观察到的类似问题进行对比，寻找二者之间的异同，并从中找到解决问题的方法。

3. 逻辑树分析法

逻辑树分析法是一种系统分析和解决问题的方法。它从问题的根本原因出发，并根据因果关系建立起逻辑分析的树状结构。逻辑树分析法的主要步骤如下：

（1）确定问题。明确要解决的问题，并将其设为根节点。

（2）列出影响因素。确定导致问题发生的各个因素，并将它们列为根节点的子节点。

（3）逐层展开。对于每个子节点，进一步细分它们的子因素，直到达到最细致的层次。这样逐层展开的过程类似于一个树的分枝。

（4）分析因果关系。通过分析因素之间的逻辑关系，使用适当的逻辑运算（如逻辑与、逻辑或、逻辑非等）将它们连接起来，并确保每个节点都能够清楚地反映其上一层节点的影响。

（5）评估解决方案。对于每个问题的分支，考虑可能的解决方案，并评估其对树状结构中其他节点的影响。

通过逻辑树分析法，可以理清问题的复杂性，将问题分解为更小的因素，并帮助决策者系统化地思考和解决问题。它有助于发现潜在的解决方案，并优化问题解决的过程。

五、确定及解决问题

（一）确定问题

确定问题是解决问题的关键一步。问题可分为各种不同的问题点，每个问题点都是我们可以解决的，而问题点的解决就意味着最终问题的解决。因此，确定问题后，就要对产生问题的点进行确定，把一个个的问题点作为阶段性解决问题的目标，或称为过程目标或阶段性目标。要善于把大问题分解成数个规模更小、内容更简单的子问题，从而找到解决问题的方法。这样做的好处是它可以化整为零、消融难点，使问题明朗化、具体化，使解决问题的过程条理化。

在确定问题时要注意，首先要确定的是主要问题或关键问题，而不是所有问题。

（二）确定解决问题的目标

问题确定之后，我们就应该积极地设定解决问题的目标。与确定问题一样，目标设定也不是针对所有问题，而是针对关键问题。我们要善于抓主要矛盾，主要矛盾一解决，所有的矛盾就自然解决。解决问题目标的设定要注意以下几点。

（1）现状值。解决问题的出发点。

（2）目标值。欲达到的目标，要合理。

（3）完成时间。指完成关键问题的时间。

（三）解决问题的程序

描述问题→分析问题→确定需要解决的问题→设计解决方案→做出决策→方案执行与监督→评估结果→解决下一个问题。解决问题主要依靠对问题的正确认识，因为这意味着你有更多的机会找出正确的解决办法。解决问题需要以下能力。

（1）分析能力。能够识别并理解问题的本质，分解复杂问题为更小的部分，找出其中的关键因素。

（2）创造性思维。能够产生创新的、非传统的解决方案，从不同的角度思考问题，寻找新的解决路径。

（3）逻辑思维。能够进行严密的逻辑推理，辨别出因果关系、相互关联以及有效的解决方案。

（4）基础知识和专业知识。对相关领域的知识有一定的了解和掌握，能够运用这些知识来分析和解决问题。

（5）沟通能力。能够清晰、有效地表达问题，与他人交流并倾听他人的意见和建议，协作解决问题。

（6）决策能力。能够权衡各种选择，做出明智的决策，考虑到各种因素和可能的影响。

（7）问题解决策略。有一套行之有效的问题解决策略，并能够根据具体情况进行调整和应用。

（8）执行能力。能够将解决方案付诸实践，有效地组织和管理资源，跟进问题的实施和落地。

（9）持续学习和改进。持续学习新知识和技能，及时反思和改进解决问题的方法和过程。

（四）设计问题解决方案

根据设定的阶段性目标，制定相应的问题解决方案，这样可以分步骤地解决问题、评估结果和调整方案。在方案的制定中，特别要注意方案的可操作性、可检测性和可监督性。

（五）评估结果

对实施后的结果进行评估，检查问题点是否得到解决。

（1）问题点已经消除。达到阶段性目标，则进行下一个问题点的解决。

（2）问题点没有消除。原因是什么？解决方案不合理？实施不到位？进行分析，找出原因。

（六）修正方案

根据评估结果分析出问题没有被解决或目标未实现的原因，修正阶段性目标或实施方案，以完全解决问题或实现目标为最终目的。

附录一

教育部关于做好2023届全国普通高校毕业生就业创业工作的通知

教学〔2022〕5号

各省、自治区、直辖市教育厅(教委),新疆生产建设兵团教育局,有关省、自治区人力资源社会保障厅,部属各高等学校、部省合建各高等学校:

党的二十大明确指出,人才是第一资源,实施就业优先战略,强化就业优先政策,健全就业促进机制,促进高质量充分就业。高校毕业生是国家宝贵的人才资源,是促进就业的重要群体。为深入学习贯彻党的二十大精神,全面落实党中央、国务院对高校毕业生就业创业工作的决策部署,教育部决定实施"2023届全国普通高校毕业生就业创业促进行动",各地各高校要切实增强责任感使命感,紧密结合实际,创新思路举措,千方百计促进高校毕业生多渠道就业创业,奋力开创高校毕业生就业创业工作新局面。现就做好2023届高校毕业生就业创业工作通知如下。

一、更大力度开拓市场化社会化就业渠道

(1)深入开展市场化岗位开拓行动。各地各高校要深入开展全国高校书记校长访企拓岗促就业专项行动,二级院系领导班子成员也要积极参与。鼓励高校与对接企业和用人单位开展集中走访,深化多领域校企合作。教育部在全国范围内组织开展"校园招聘月""就业促进周"等岗位开拓和供需对接系列活动。充分发挥全国普通高校毕业生就业创业指导委员会和行业协会作用,完善"分行业就指委+分行业协会"促就业工作机制。

(2)实施"万企进校园计划"。各地各高校要充分发挥校园招聘主渠道作用,在符合新冠肺炎疫情防控要求的前提下,积极举办线下校园招聘活动,确保校园招聘活动有序开展。高校要创造条件主动邀请用人单位进校招聘,支持院系开展小而精、专而优的小型专场招聘活动。

(3)全面推广使用国家大学生就业服务平台。教育部将进一步优化升级国家大学生就业服务平台功能和服务,不断提升平台专业化、智能化、便利化水平。各省级大学生就业网站、各高校就业网站要于2022年12月底之前,全部与国家大学生就业服务平台互联互通,实现岗位信息共享。鼓励地方和高校依托平台联合举办区域性、行业性专场招聘活动。各地各高校要指导2023届毕业生、毕业班辅导员、就业工作人员及时注册使用平台,确保有需要的毕业生都能及时获得就业信息。

(4)充分发挥中小企业吸纳就业作用。开展民营企业招聘高校毕业生专项行动,精准汇集推送岗位需求信息。会同有关部门举办"全国中小企业人才供需对接大会""民企高校携手促就业""全国中小企业网上百日招聘高校毕业生""全国民营企业招聘月"等活动,为中小企业招聘高校毕业生搭建平台。各地教育部门要配合本地相关部门落实对中小微企业吸纳高校毕业生的优惠政策,支持开发创造更多适合高校毕业生的就业岗位。各高校要加强与中小企业的供需对接,为中小企业进校招聘提供便利,引导更多高校毕业生到中小企业就业。

(5)支持自主创业和灵活就业。各地各高校要积极鼓励和支持高校毕业生自主创业,在资金、场地等方面向毕业生创业者倾斜,为高校毕业生创新创业孵化、成果转化等提供服务。推动中国国籍"互联网+"大学生创新创业大赛等大学生创业项目转化落地。各地教育部门要配合有关部门落实灵活就业社会保障政策,为毕业生从事新形态就业提供支持,推动灵活就业规范化发展,切实维护高校毕业生合法权益。

二、充分发挥政策性岗位吸纳作用

(6)优化政策性岗位招录安排。各地教育部门要配合有关部门统筹好政策性岗位招录时间安排,尽早安排高校升学考试、公务员和事业单位、国企等政策性岗位招考及各类职业资格考试。充分发挥政策性岗位稳就业作用,稳定并适度扩大招录高校毕业生规模。发挥国有企业示范作用,办好第四季"国聘行动"。

(7)积极拓宽基层就业空间。各地教育部门要积极配合有关部门挖掘基层医疗卫生、养老服务、社会工作、司法辅助、科研助理等就业机会,组织实施好"特岗计划""三支一扶""西部计划"等基层就业项目,拓展"城乡社区专项计划",鼓励扩大地方基层项目规模,引导更多毕业生到中西部地区、东北地区、艰苦边远地区和基层一线就业创业。健全支持激励体系,落实好学费补偿贷款代偿、考研加分等优惠政策。

(8)积极配合做好大学生征兵工作。各地各高校要密切军地协同,加大征兵宣传进校园工作力度,畅通入伍绿色通道,配合兵役机关做好兵员预征预储、高校毕业生征集等工作。各地教育部门要研究制定细化方案和实施办法,落实好退役普通高职(专科)士兵免试参加普通专升本招生、退役大学生士兵专项硕士研究生招生计划等优惠政策。

三、建设高质量就业指导服务体系

(9)全面加强就业指导。高校要健全完善分阶段、全覆盖的大学生生涯规划与就业指导体系,确保有需要的学生都能获得有效的就业指导。要进一步完善就业创业指导课程标准,打造一批就业指导名师、优秀就业指导课程和教材。充分利用"互联网+就业指导"公益直播课等各类资源,提升就业创业指导课程质量和实效。要通过校企供需对接、职业规划竞赛、简历撰写指导、面试求职培训、一对一咨询等多种形式,为学生提供个性化就业指导和服务。要打造校内外互补、专兼结合的就业指导教师队伍,鼓励用人单位、行业组织更多参与高校生涯教育和就业指导。

(10)深入推进就业育人。各地各高校要把就业教育和就业引导作为"三全育人"的重要内容,深入开展就业育人主题教育,引导高校毕业生保持平实之心,客观看待个人条件和社会需求,从实际出发选择职业和工作岗位。开展就业育人优秀案例创建活动,选树一批就业典型人物,积极引导高校毕业生到祖国需要的地方建功立业。

(11)切实维护毕业生就业权益。各地各高校要积极营造平等就业环境,在各类校园招聘活动中,不得设置违反国家规定的有关歧视性条款和限制性条件。配合有关部门畅通投诉举报渠道,对于存在就业歧视、招聘欺诈、"培训贷"等问题的用人单位,要纳入招聘"黑名单"并及时向高校毕业生发布警示提醒。加强就业安全教育,督促用人单位与高校毕业生签订劳动(聘用)合同或就业协议书,帮助和支持毕业生防范求职风险,维护就业权益。积极配合有关部门推进毕业生就业体检结果互认。

四、精准开展重点群体就业帮扶

(12)健全就业帮扶机制。各地各高校要重点关注脱贫家庭、低保家庭、零就业家庭、残疾等困难高校毕业生,建立帮扶工作台账,按照"一人一档""一人一策"精准开展就业帮扶工作。健全"一对一"帮扶责任制,高校和院系领导班子成员、就业指导教师、班主任、专任教师、辅导员等要与困难学生开展结对帮扶,确保每一个困难学生都得到有效帮助。做好离校未就业毕业生不断线服务。

(13)深入实施宏志助航计划。继续组织实施"中央专项彩票公益金宏志助航计划——全国高校毕业生就业能力培训项目",开展线上线下就业能力培训,提升毕业生就业竞争力。各地各高校和各培训基地要精心组织实施,配备优秀师资,优化培训内容,提升培训质量。鼓励各地各高校配套设立省级、校级项目,推动"宏志助航计划"覆盖更多毕业生。各地要强化培训基地管理,宣传推广优秀典型经验。

五、简化优化求职就业手续

(14)稳妥有序推进取消就业报到证。《国务院办公厅关于进一步做好高校毕业生等青年就业创业工作的通知》(国办发〔2022〕13 号)明确,从 2023 年起,不再发放《全国普通高等学校本专科毕业生就业报到证》和《全国毕业研究生就业报到证》(以下统称就业报到证),取消就业报到证补办、改派手续,不再将就业报到证作为办理高校毕业生招聘录用、落户、档案接收转递等手续的必需材料。各地要制定落实取消报到证的工作方案。各省级教育部门和高校要加强与组织、公安、人力资源社会保障等部门的工作协同,做好相关工作的衔接,向用人单位和毕业生开展解读宣传,耐心细致做好指导咨询,帮助毕业生顺利完成就业报到、落户和档案转递。

(15)建立毕业去向登记制度。根据国务院办公厅有关文件要求,从 2023 年起,教育部门建立高校毕业生毕业去向登记制度,作为高校为毕业生办理离校手续的必要环节。全面推广使用全国高校毕业生毕业去向登记系统。各地各高校要统筹部署、精心安排,指导本地本高校毕业生(含结业生)按规定及时完成毕业去向登记。实行定向招生就业办法的高校毕业生,各省级教育部门和高校要指导其严格按照定向协议就业并登记去向信息。教育部有关单位根据有关部门需要和毕业生本人授权,统一提供毕业生离校时相应去向登记信息查询核验服务。

(16)强化就业统计监测工作。各地各高校要严格落实就业统计监测工作"四不准""三严禁"要求,严格执行毕业生就业统计监测工作违规处理办法,对违反规定的高校和相关人员,严肃查处通报,纳入负面清单管理。严格落实就业统计监测规范要求,严格审核学生就业信息及相关佐证材料。组织开展就业统计监测专门培训,强化高校毕业生就业数据的报送、统计和分析工作。持续开展毕业生就业状况布点监测,丰富完善布点监测内容。

六、完善就业与招生培养联动机制

(17)健全完善就业反馈机制。各地各高校要建立完善就业与招生、培养联动的有效机制,把高校毕业生就业状况作为高等教育结构调整的重要内容。引导高校重点布局社会需求强、就业前景广、人才缺口大的学科专业,及时淘汰或更新升级已经不适应社会需要的学科专业。教育部将把高校毕业生就业状况作为"双一流"建设成效评价、学科专业设置和评估、招生计划安排等工作的重要依据。实行高校毕业生就业去向落实率红黄牌提示制度。深入开展高校毕业生就业状况跟踪调查,调查结果作为衡量高校人才培养质量的重要参考。

(18)深化就业工作评价改革。探索实施高校毕业生就业工作合格评价,建立部、省两级就业工作合格评价机制,促进高校就业工作制度化、规范化。加强全国就业工作优秀经验宣传推广,推动高校毕业生就业工作能力和服务水平不断提升。

七、加强组织领导

(19)压紧压实工作责任。各地各高校要把高校毕业生就业摆在突出重要的位置，落实就业"一把手"工程，建立健全主要领导部署、分管领导靠前指挥、院系领导落实责任、各部门协同推进、全员参与的协调机制，将就业工作纳入领导班子考核重要内容。建立完善就业风险防范化解机制，确保安全稳定。各省级教育行政部门适时牵头成立高校毕业生就业工作专班，制定工作方案，明确任务清单，全力推进各项工作任务。教育部将省级人民政府及相关职能部门制定促进毕业生就业政策及其实施情况，纳入省级人民政府履行教育职责评价重要内容。

(20)加强就业工作机构和队伍建设。各地教育部门、各高校要积极创造条件认真落实高校毕业生就业机构、人员、场地、经费"四到位"要求，根据本地实际情况，明确提出各项指标要求，并报教育部备案。各高校要配齐配强就业指导人员，鼓励就业指导人员按要求参加相关职称评审。组织开展毕业班辅导员、就业工作人员全员培训，加大资源供给和培训保障力度。

(21)做好就业总结宣传工作。大力宣传就业工作典型高校、用人单位和先进人物。持续开展全国普通高校毕业生就业创业工作典型案例总结宣传，推出一批具有推广价值的优秀案例。各地各高校要多渠道、全方位宣传国家就业创业政策，营造全社会关心支持毕业生就业的良好氛围。

教育部
2022 年 11 月 24 日

附录二

大学生村官政策

大学生村官工作是十七大以来党中央作出的一项重大战略决策，主要目的是培养一大批社会主义新农村建设骨干人才、党政干部队伍后备人才、各行各业优秀人才。2014年5月30日，中央组织部召开全国大学生村官工作座谈会，进一步明确了大学生村官工作的定位：一是培养了解国情、熟悉基层、心贴群众、实践经验丰富的干部、人才；二是增强基层组织建设、促农村发展、让农民受益。

大学生村官工作是国家开展的选派项目。大学生村官岗位性质为“村级组织特设岗位”，系非公务员身份，其工作、生活补助和享受保障待遇应缴纳的相关费用由中央和地方财政共同承担。大学生村官的工作管理及考核比照公务员有关规定进行，由县（市、区）党委组织部牵头负责、乡镇党委直接管理、村党组织协助实施；人事档案由县（市、区）党委组织部管理或县（市、区）人力资源和社会保障部门所属人才服务机构免费代理，党团关系转至所在村。

2008年3月，中组部和教育部、财政部、人力资源和社会保障部联合下发《关于选聘高校毕业生到村任职工作的意见（试行）》，在31个省区市和新疆生产建设兵团部署开展了大学生村官工作。经过6年多的扎实推进，这项工作得到长足发展，取得显著成效。

大学生村官工作是党中央着眼于党和国家事业长远发展作出的一项重大战略决策，主要有以下几方面意义。

（1）大学生村官工作是为党和国家培养可靠接班人的战略工程。中国共产党是一个与工人、农民血脉相连，植根人民、服务人民的政党。对党政干部的培养，一个必不可少的重要途径，就是要他们到基层一线、到群众中去，在实践中历练成长，保证党员干部特别是领导干部对中国基层社会有深刻理解，对人民群众有深厚的感情。选聘大学生到村任职，让他们在农村基层实践中锻炼成长，有利于把党政干部培养链深深扎根于基层人民群众之中，扎根到农民这个中国最大的社会群体之中，为党和国家事业培养了解国情、熟悉基层、心贴群众、实践经验丰富的可靠接班人。

(2)大学生村官工作是加强基层党组织建设的强基工程。“基础不牢，地动山摇。”党的基层组织是党全部工作和战斗力的基础，也是我们党执政的基础。基层党组织的战斗力、凝聚力和影响力如何，关键取决于基层党员干部队伍的素质。选聘高校毕业生到村任职，让接受过高等教育的大学生经受实实在在的基层磨炼，逐渐成长为农村基层干部队伍的骨干，有利于优化农村干部队伍结构，提高农村干部队伍整体素质，增强农村基层党组织的凝聚力、战斗力、创造力。

(3)大学生村官工作是建设社会主义新农村的人才工程。全面建成小康社会，重点在农村，难点在农村，希望也在农村。近年来，随着农村劳动力转移步伐的加快，农村人才流失比较严重，人才缺失已成为制约农村经济社会发展的瓶颈。推进社会主义新农村建设，资金、技术等要素要向农村倾斜，人才更要向农村倾斜。选聘高校毕业生到村任职，推动城乡人才的逆向流动，就是要向农村输送有文化、懂技术、会经营、善管理的优秀人才，帮助农民群众理清思路、加快发展，引导农民群众崇尚科学、弘扬新风，为新农村建设注入新的动力和活力。现实中，很多大学生村官积极宣传惠农政策、协调社会矛盾、带领群众致富、推广科技知识、丰富群众精神文化生活等等，得到了基层干部群众普遍欢迎和社会各方广泛赞同。

(4)大学生村官工作是青年学生实现人生抱负的希望工程。“知屋漏者在宇下，知政失者在草野。”年轻人成才既要有大学的知识基础，还要有一线的实践基础，经历的困难越多，得到的锻炼就越多，增长的才干就越多。农村是一所社会大学，青年人在这里可以建立与基层群众的深厚感情，得到艰苦历练，积累社会经验，更好地认识自己、认识农民、认识社会，为今后的人生之路打下坚实基础。近年来，一批大学生村官在农村实践锻炼中，形成了工作踏实、不怕吃苦、爱岗敬业、勇于进取等优良品质，凸显出其独特优势和发展潜力，吸引了神华集团、中国农业银行、中国人寿保险、中国邮政集团等一批中央企业和单位从大学生村官中招聘员工。

大学生村官选聘对象原则上为全日制本科及以上的学生党员或优秀学生干部。选聘的基本条件：思想政治素质好，作风踏实，吃苦耐劳，组织纪律观念强；学习成绩良好，具备一定的组织协调能力；自愿到农村基层工作；身体健康。选聘对象和选聘条件的具体规定，由省(区、市)党委组织部根据实际情况确定。

大学生村官选聘工作由省(区、市)组织人事部门定期、统一组织实施，或者由省、市两级组织人事部门共同组织实施。选聘工作一般通过发布公告、个人报名、资格审查、考试、组织考察、体检、公示、决定聘用、培训上岗等程序进行。由县(市、区)组织、人力资源和社会保障部门与大学生村官签订聘任合同，聘期一般为 2 至 3 年。

待遇保障：

(1)新聘任大学生村官补贴标准比照本地乡镇新录用公务员试用期满后工资水平确定，并随之同步提高。在艰苦边远地区工作的，按规定发放艰苦边远地区津贴。

(2)大学生村官聘用期间，按照当地对事业单位的规定，参加相应社会保险，并办理重大疾病、人身意外伤害商业保险。

(3)符合国家学费补偿和助学贷款代偿政策规定、聘期考核合格的大学生村官，其学费和国家助学贷款由财政补偿和代偿。

(4)在村任职2年以上，具备选调生条件和资格的，经组织推荐，可参加选调生统一招考。

(5)聘用期满、考核称职的大学生村官，经县级组织、人力资源和社会保障部门同意，可参加面向大学生村官等基层服务人员的公务员定向招录。

(6)除实行职业资格准入和专业限制的岗位之外，县(市、区)、乡镇事业单位每年在公开招聘工作人员时，要拿出一定比例定向招聘服务期满、考核称职的大学生村官。

(7)聘用期满、考核称职的大学生村官，报考研究生享受增加分数等优惠政策，同等条件下优先录取。

(8)被党政机关或企事业单位正式录用(聘用)后，在村任职工作时间可计算工龄、社会保险缴费年限。

(9)到西部和艰苦地区农村任职的，户口可留在现户籍所在地。

岗位职责：

大学生村官主要履行宣传落实政策、促进经济发展、联系服务群众、推广科技文化、参与村务管理、加强基层组织等职责。

大学生村官到村第一年，是中共正式党员的，一般安排担任村党组织书记助理职务；是中共预备党员或非中共党员的，一般安排担任村委会主任助理职务；是共青团员的，可安排兼任村团组织书记、副书记职务。重点了解熟悉农村工作，整理一套涉农政策、走访一遍全村农户、完善一套村情档案、形成一份调研报告、提出一条发展建议、学习一门实用技术，努力实现角色转变。

从第二年开始，考核称职、符合任职条件的，原则上应担任村“两委”委员或以上职务并明确分工，帮助村民发展致富项目、领办合办农民专业合作社、组织开展群众文体活动、参与排查调处矛盾纠纷、为村民代办各项事务。

教育管理：

大学生村官管理由县(市、区)党委组织部牵头负责、乡镇党委直接管理、村党组织协助实施。乡镇党委要明确由副书记或组织委员具体负责大学生村官日常管理，安排好大学生村官的食宿及日常生活。

大学生村官的人事档案由县(市、区)党委组织部管理或县(市、区)人力资源和社会保障部门所属人才服务机构免费代理，党团关系转至所在村。

大学生村官聘期为2至3年。任满1个聘期、考核称职的，可按照有关程序续聘；任满2个聘期、未当选村“两委”副职以上干部的，原则上不再续聘。

大学生村官聘用期间应在村里工作，县(市、区)直及以上部门不得借用，经县(市、区)党委组织部批准，可以有计划地组织大学生村官参加县(市、区)、乡镇集中性工作和到信访、综治等岗位锻炼。

大学生村官的考核分为年度考核和聘期考核，实行工作实绩和群众满意度量化积分考核制度，考核结果与续聘、奖惩、培养、使用挂钩。

大学生村官培训应纳入干部教育培训规划，每人每年接受培训累计不少于7天。

每名县级领导干部应至少联系1名大学生村官，每名大学生村官至少有1名乡镇领导干部和1名村干部联系；县(市、区)党委组织部和乡镇党委应定期进行谈心谈话和心理辅导，帮助大学生村官解决工作、生活、学习、安全、心理健康等方面的问题。

流动政策：

大学生村官主要通过留村任职工作、考录公务员、自主创业发展、另行择业、继续学习深造等“五条出路”有序流动。

(1)鼓励留村任职工作。

任满1个聘期、聘期考核称职的大学生村官，本人提出续聘申请，经乡镇党委初审，县级组织、人力资源和社会保障部门审定，可签订续聘合同，继续留村工作，享受大学生村官待遇。续聘大学生村官纳入当年大学生村官选聘计划。鼓励在实际工作中表现优秀、党员群众认可的党员大学生村官，通过党员推荐、群众推荐和乡镇党委推荐等方式，参加村党组织换届选举。到村任职工作一年以上的优秀大学生村官，可由本人提出书面申请，经村民会议或村民代表会议讨论通过，参加村委会换届选举。

担任村“两委”副职及以上职务的大学生村官，保留大学生村官工作、生活补贴，同时可享受同级村干部补贴。任满1个聘期、当选村“两委”副职及以上职务、考核称职以上的大学生村官，可参加面向优秀村干部的乡镇公务员定向考录。任满2个聘期、当选并担任村“两委”副职及以上职务满一届、考核称职以上的，经省(区、市)组织人事部门批准，可采取考核招聘的方式聘用为乡镇事业单位工作人员，根据工作需要可继续留村工作。

(2)择优招录公务员。

大学生村官可参加面向社会统一组织的公务员招考。

大学生村官聘用期满、考核称职，并经县级组织、人力资源和社会保障部门推荐同意，可参加面向大学生村官的公务员定向考录。面向大学生村官定向考录的公务员特别是乡镇公务员岗位，应达到当年考录计划的一定比例。

任满1个聘期、当选并担任村“两委”副职及以上职务、考核优秀、实绩突出、群众公认的大学生村官，可通过公开选拔担任乡科级领导干部；符合乡镇领导班子换届提名人选条件的，可按程序推荐作为换届提名人选。经选举担任乡镇党政机关领导人员或经公开选拔担任乡科级领导干部的大学生村官，在国家行政编制限额内按照有关规定进行公务员登记。

大学生村官在职2年以上，具备选调生条件和资格的，经组织推荐，可参加选调生统一招考。选调生主要从具有2年以上基层工作经历的大学生村官中招考，逐步实现选调生工作与大学生村官工作并轨。

(3)扶持自主创业发展。

建立健全党委政府引导、社会组织和企业扶持、市场运作相结合的工作机制，鼓励和支持大学生村官自主创业。通过政府支持、社会募集等方式筹集大学生村官创业扶持资金，创新金融服务方式，为大学生村官创业富民提供借贷、担保、贴息、补助等支持。整合农业、科技、扶贫等有关部门的项目资源，发挥科研机构、高等院校的智力优势，为大学生村官创业富民提供项目论证、技术指导和市场信息等服务。

鼓励和扶持大学生村官创办领办农民合作、科技推广、社会化服务等组织和实体。探索创新创业扶持模式，引导和鼓励企业、社会组织参与扶持大学生村官创业，以大学生村官创业带动社会青年创业。鼓励创业有成的大学生村官进入企业经营管理者、致富项目带头人、新社会组织负责人队伍，逐步实现自主发展。

(4)引导另行择业。

建立择优推介制度，引导服务期满的大学生村官通过人力资源市场自主择业，省市两级应每年举办一次大学生村官专场招聘会。

通过多种途径和形式，广泛宣传大学生村官优势和潜力，引导国有企业、金融机构、非公有制企业、社会组织等面向大学生村官招聘工作人员。

在县(市、区)、乡镇事业单位公开招聘中优先聘用大学生村官，逐步提高面向大学生村官招聘事业单位工作人员的比例。除实行职业资格准入和专业限制的岗位之外，县(市、区)、乡镇事业单位从大学生村官中招聘工作人员一般应达到当年招聘计划的一定比例。

服务期满、考核称职以上的大学生村官，经县(市、区)组织人事部门推荐，可转聘为街道社区工作人员、非公有制企业党建工作指导员或其他社会管理和公共服务岗位工作人员。

(5)支持继续学习深造。

鼓励大学生村官继续学习深造。服务期满、考核称职以上的大学生村官报考研究生,初试总分加 10 分,同等条件下优先录取,其中报考人文社科类专业研究生的,初试总分加 15 分。

离岗大学生村官自主择业前可免费托管人事档案、免费参加一期职业培训,3 年内继续享受大学生村官创业扶持、报考研究生加分等优惠政策。

附录三

大学生选调生政策

选调生是组织部门有计划地从高等院校选调品学兼优的应届大学本科以上毕业生及选拔具有 2 年以上基层工作经历的大学生村官到基层工作，作为党政领导干部后备人选和县级以上党政机关高素质的工作人员人选进行重点培养，这批毕业生简称“选调生”。

选调生是公务员的一种，录用后直接为公务员编制。

选调生是省委组织部的后备干部，放到基层锻炼，人事权归省委组织部管辖，委托接收单位考评。活动范围是全省建有党组织的各级党政机关、事业单位、人民社团。可以理解成一种特殊的干部身份。

总的来说，选调生提拔速度比公务员快得多，一般本科毕业定科员，硕研定副科，博研定正科。但相应报考条件限制也比公务员高得多，首先是本科应届毕业生，本科阶段要求必须是党员，学生干部，研究生可以例外。“三支一扶”人员可以没有相关要求。

选调生是公务员，并且与通过正常招考被录用的公务员有不同，选调生与公务员随着国家对公务员队伍实行“逢进必考”的原则。这两条道路有异曲同工之处：

(1)选调生与公务员相同都要有一年试用期，其间只有见习期工资，第二年定级，定科员二级；

(2)选调生虽是后备干部身份，但试用期结束后的前两年需要在基层工作，其间硕士定副科级(级别)，之后才可参与全省的人员选调。

(3)选调生硕士正式入编(试用期结束)后的第二年定副科级(级别)。

(4)选调生是省、市、县委组织部掌握的后备干部，而招考录用的公务员，是各机关工作人员，关系由该机关的人事行政部门管辖，而非各级党委组织部。简单来说，选调生档案归当地组织部，公务员档案归人事局。

(5)选调生一般要分配到基层去锻炼，两三年后上调。

党的十八大报告指出，要“加大培养选拔优秀年轻干部力度”，并号召“全党都要关注青年、关心青年、关爱青年”。经过多年实践，选调生已成为一个优秀“品牌”，越来越受到各级组织和用人单位的欢迎，逐渐成为干部队伍的中坚力量。

选调生主要选调本科生、研究生中的共产党员、优秀学生干部和三好学生。各省情况差别较大，部分省份只要求满足学生干部、三好学生和中共党员三个条件中任意一个即可。秉持“公平、平等、竞争、择优”的原则，采取本人自愿报名、院校党组织推荐、组织（人事）部门考试考核相结合的办法选调。选调条件：

（1）有志于从事党政工作并有发展潜力的优秀学生；

（2）必须通过选调生录用考试。选调对象事业心和责任感强，志愿到基层工作，身体心理健康，能适应基层工作需要，勤奋敬业，乐于奉献；

（3）中共党员（含预备党员）；

（4）全国普通高校国家计划内统招、全日制大学本科以上学历的应届毕业生，学习成绩优秀，基础知识扎实，能如期毕业并取得相应的学历学位证书。2011 年来，部分省份参加基层服务项目、符合选调生条件的往届高校毕业生（像大学生村官、“三支一扶”人员等）也可以参加报考；

（5）本科生须是校级以上“三好学生”“优秀学生干部”或者二等奖以上“优秀学生奖学金”获得者，研究生须是校级以上“三好研究生”“优秀研究生干部”或者“研究生优秀奖学金”获得者；

（6）参加基层服务项目、符合选调生条件的往届高校毕业生（像大学生村官、“三支一扶”人员等）报考，年龄方面各省份一般适当放宽。

附录四

中共中央组织部 人事部 教育部 财政部 农业部 卫生部 国务院扶贫开发领导小组办公室 共青团中央关于组织开展高校毕业生到农村基层从事支教、支农、支医和扶贫工作的通知

国人部发〔2006〕16号

各省、自治区、直辖市党委组织部，政府人事厅(局)、教育厅(教委)、财政厅(局)、农业(农牧)厅(委、局)、卫生厅(局)、扶贫开发领导小组办公室，团委：

为贯彻落实《中共中央办公厅、国务院办公厅关于引导和鼓励高校毕业生面向基层就业的意见》(中办发〔2005〕18号)，中央组织部、人事部、教育部、财政部、农业部、卫生部、国务院扶贫办、共青团中央决定，联合组织开展高校毕业生到农村基层从事支教、支农、支医和扶贫工作(以下简称“三支一扶”计划)。现将有关事项通知如下：

一、指导思想

实施高校毕业生“三支一扶”计划，要以邓小平理论和“三个代表”重要思想为指导，全面落实科学发展观和中央关于做好大学生志愿服务西部、服务基层工作的重要指示精神，引导和鼓励高校毕业生到西部去、到基层去、到祖国最需要的地方去，经受锻炼，健康成长，为促进农村基层教育、农业、卫生、扶贫等社会事业的发展、建设社会主义新农村和构建社会主义和谐社会做出贡献。

二、组织招募

按照公开招募、自愿报名、组织选拔、统一派遣的方式，从2006年开始连续5年，每年招募2万名高校毕业生，主要安排到乡镇从事支教、支农、支医和扶贫工作。

(一)组织领导。人事部联合教育部、财政部、农业部、卫生部、国务院扶贫办、共青团中央成立全国“三支一扶”工作领导小组和工作协调管理办公室，负责这项工作的总体规划、协调和指导工作。各省(自治区、直辖市)也要相应成立由人事、教育、财政、农业、卫生、扶贫、团委等部门组成的工作领导小组和工作协调管理办公室，研究制定具体的

实施办法，落实本地区基层服务岗位，负责组织报名、招募、审核、体检、培训、派遣及相关材料的上报等工作。

（二）招募对象和条件。招募对象主要为全国普通高校应届毕业生，并应具备以下条件：

1、政治素质好，热爱社会主义祖国，拥护党的基本路线和方针政策；

2、学习成绩合格，具有相应的专业知识；

3、具有敬业奉献精神，遵纪守法，作风正派；

4、身体健康。

（三）招募原则和程序。招募工作应坚持“公开、平等、竞争、择优”的原则，并应有一定比例的名额招募家庭经济困难的学生。具体招募工作可按以下程序进行：

1、汇总计划。每年 4 月底前，省级工作协调管理办公室要收集、汇总乡镇一级教育、农业、卫生、扶贫等基层岗位需求信息，并上报全国“三支一扶”工作协调管理办公室，同时面向社会公开发布；

2、组织招募。每年 5 月底前，各地根据下达的招募计划和实际情况，采取考核或考试的方式进行招募；

3、确定人选。经审核、体检确定人选后，省级工作协调管理办公室要组织“三支一扶”大学生签署《高校毕业生“三支一扶”计划申请书》，并于每年 6 月底前将“三支一扶”大学生名单上报全国“三支一扶”工作协调管理办公室备案；

4、培训上岗。各地要组织“三支一扶”大学生进行上岗前的集中培训，培训内容主要是党和国家有关基层工作特别是农业、教育、卫生、扶贫方面的方针政策、本地区基层工作的现状、拟服务单位和岗位的基本情况、乡镇共青团有关工作业务等。每年 7 月底前派遣“三支一扶”大学生到服务单位报到。

三、服务期间的管理

各地及有关部门要高度重视，积极制定和完善有关政策规定，切实做好“三支一扶”大学生的管理服务工作。

（一）户档管理。服务期间，“三支一扶”大学生户口应统一由省级工作协调管理办公室指定的有关机构管理，也可根据本人意愿将户口转回入学前户籍所在地，公安机关应按规定为其办理落户手续。人事档案原则上统一转至服务单位所在地的县级政府人事部门，党团组织关系转至服务单位。对服务期间积极要求入党的，由乡镇一级党组织按规定程序办理。

（二）日常管理。服务单位要负责为“三支一扶”大学生安排作岗位，提供必要的生活条件，承担其日常管理工作，并根据工作需要积极为其提供业务培训机会。团县委要在每个接收“三支一扶”大学生的乡镇择优选拔1—2名条件适宜的大学生兼任乡镇团委副书记，并负责协调落实相关任职程序。领导小组成员单位及协调管理办公室要引导并教育“三支一扶”大学生遵纪守法，服从分配，虚心学习，联系群众，自觉遵守服务单位的各项规章制度，接受服务单位的管理，充分运用掌握的知识和技能为基层群众服务。

（三）考核管理。县级政府人事部门负责“三支一扶”大学生年度考核和服务期满考核工作，凡兼任乡镇团委副书记的大学生，由团县委会同乡镇党委负责考核其担任团干部期间的工作情况，并将考核材料汇总报送县级政府人事部门，考核情况存入本人档案，并报省级工作协调管理办公室备案。服务期满考核合格的，经省级工作协调管理办公室审核，颁发由人事部统一印制的《高校毕业生到农村基层服务证书》，作为服务期满后享受相关就业优惠政策的依据。“三支一扶”大学生应按照规定期限完成服务工作，由于身体状况等特殊原因不能继续服务的，须经省级工作协调管理办公室批准，并履行有关手续。

（四）经费保障。“三支一扶”计划服务期限一般为2—3年，工作期间给予一定的生活、交通补贴，统一办理人身意外伤害保险和住院医疗保险。上述费用及所需工作管理经费，由地方财政安排专项经费予以支付。中央财政将通过不断加大转移支付力度予以支持。

四、服务期满后的相关政策及就业推荐

各地及有关部门要重视和做好服务期满“三支一扶”大学生的就业工作，采取多种形式，开辟多种渠道，积极为其就业创造条件。

（一）各级人事、教育、财政、农业、卫生、扶贫、团委等部门要积极制定优惠政策，鼓励服务期满的“三支一扶”大学生扎根基层。原服务单位有职位空缺需补充人员时，应优先考虑接收服务期满考核合格的“三支一扶”大学生。县、乡各类事业单位，有职位空缺需补充人员时，也应拿出一定职位专门吸纳这部分毕业生。服务期满自主创业的，可享受行政事业性收费减免、小额贷款担保和贴息等有关政策。应届毕业生自愿到国家需要的艰苦地区、艰苦行业基层工作，服务达到国家规定年限，并符合相应条件的，可享受国家助学贷款代偿政策，具体办法另行制定。

（二）服务期满考核合格的“三支一扶”大学生，报考党政机关公务员的，可以通过适当增加分数以及其他优惠政策，优先录用。到西部地区和艰苦边远地区服务2年以上，服务期满后3年内报考硕士研究生的，初试总分加10分，同等条件下优先录取。对于已被录取为研究生的应届高校毕业生参加“三支一扶”项目的，学校应为其保留学籍。

（三）各级人事、教育、农业、卫生、扶贫等部门要制定切实有效措施，采取多种手段，充分挖掘本系统就业岗位，积极吸纳“三支一扶”大学生进入本系统工作。各级人事部门要为“三支一扶”大学生建立专门的人才库，广泛收集各类用人单位的岗位需求信息，动员各类用人单位接收“三支一扶”大学生，有针对性地提供就业指导和推荐，帮助其落实就业单位。

（四）服务期满考核合格的“三支一扶”大学生，根据本人意愿可以回到原籍或到其他地区工作，凡落实了接收单位的，接收单位所在地区应准予落户。进入国有企事业单位的，由接收单位按照所任职务比照同等条件人员确定其职务工资标准；其服务期限，计算为工龄。在今后晋升中高级职称时，同等条件下优先评定。

五、工作要求

各级组织、人事、教育、财政、农业、卫生、扶贫、团委等部门要加强协调，密切配合，精心组织，狠抓落实，切实有效地实施高校毕业生“三支一扶”计划。

（一）要加强工作领导机构和工作管理机制的建设，明晰职责，相互支持，紧密合作，及时总结分析工作中出现的新情况、新问题，研究提出解决问题的办法和思路，把这项工作涉及的各项政策和措施落到实处。

（二）要关心爱护“三支一扶”大学生，建立定期联系制度，深入了解其上岗服务情况，及时协助解决其工作和生活上出现的问题。

（三）要注意发现和培养在基层做出突出贡献的“三支一扶”大学生，通过各种新闻媒体，广泛宣传典型事迹，努力营造良好氛围，唱响到基层去、到艰苦地区去、到祖国和人民最需要的地方去的时代强音。

附录五

大学生应征入伍政策

1. 国家鼓励大学生应征入伍服义务兵役，这里的“大学生”如何界定？

指根据国家有关规定批准设立、实施高等学历教育的全日制公办普通高等学校、民办普通高等学校和独立学院，按照国家招生规定录取的全日制普通本科、专科(含高职)、研究生、第二学士学位的应(往)届毕业生、在校生和已被普通高校录取但未报到入学的学生。

征集的大学生以男性为主，女性大学生征集根据军队需要确定。

2. 公民应征入伍需要满足哪些政治条件和基本身体条件？

征集服现役的公民必须热爱中国共产党，热爱社会主义祖国，热爱人民军队，遵纪守法，品德优良，决心为抵抗侵略、保卫祖国、保卫人民的和平劳动而英勇奋斗。征兵政治审查的内容包括：应征公民的年龄、户籍、职业、政治面貌、宗教信仰、文化程度、现实表现以及家庭主要成员和主要社会关系成员的政治情况等。

公民应征入伍要符合国防部颁布的《应征公民体格检查标准》和有关规定。其中，有几项基本条件：

身高：男性 160cm 以上，女性 158cm 以上。

体重：男性，不超过标准体重的 30%，不低于标准体重的 15%。女性，不超过标准体重的 20%，不低于标准体重的 15%。

标准体重＝(身高－110)kg。

视力：大学生右眼裸眼视力不低于 4.6，左眼裸眼视力不低于 4.5。屈光不正，准分子激光手术后半年以上，无并发症，视力达到相应标准的，合格。

内科：乙型肝炎表面抗原呈阴性，等等。

3. 应征入伍服义务兵役大学生的年龄是如何规定的？

男性普通高等学校在校生为年满 17 至 22 周岁、大学毕业生放宽到 24 周岁。

女性普通高等学校在校生和毕业生为年满 17 至 22 周岁。

4. 高校毕业生应征入伍服义务兵役要经过哪些程序？

（1）网上报名预征：有应征意向的高校毕业生可在征兵开始之前登录“全国征兵网”（网址为 https://www.gfbzb.gov.cn）进行报名，填写、打印《应届毕业生预征对象登记表》和《高校毕业生应征入伍学费补偿国家助学贷款代偿申请表》（以下分别简称《登记表》《申请表》），交所在高校征兵工作管理部门。

（2）初审、初检：毕业生离校前，在高校参加身体初检、政治初审，符合条件者确定为预征对象，高校协助兵役机关将《登记表》和《申请表》审核盖章发给毕业生本人，并完成网上信息确认。初审、初检工作最晚在 7 月 15 日前完成。

（3）实地应征：高校应届毕业生可在学校所在地应征入伍，也可在入学前户籍所在地应征入伍。

（4）组织高校应届毕业生在学校所在地征集的，结合初审、初检工作同步进行体格检查和政治审查，在毕业生离校前完成预定兵，9 月初学校所在地县（市、区）人民政府征兵办公室为其办理批准入伍手续。政治审查以本人现实表现为主，由其就读学校所在地的县（市、区）公安部门负责，学校分管部门具体承办，原则上不再对其入学前和就读返乡期间的现实表现情况进行调查。

（5）在入学前户籍所在地应征入伍的，高校应届毕业生 7 月 30 日前将户籍迁回入学前户籍地，持《登记表》和《申请表》到当地县级兵役机关参加实地应征，经体格检查、政治审查合格的，9 月初由当地县（市、区）人民政府征兵办公室办理批准入伍手续。

5. 大学生征集工作由哪个部门牵头负责？

高校所在地兵役机关会同有关部门进入高校开展征集工作，高校由学生管理部门或学校武装部门牵头负责，有意向参军入伍的大学生可向所在学校学工部（处）、就业中心、资助中心或武装部咨询有关政策。

6. 高校毕业生应征入伍服义务兵役享受哪些优惠政策？

高校毕业生应征入伍服义务兵役，除享有优先报名应征、优先体检政审、优先审批定兵、优先安排使用“四个优先”政策，家庭按规定享受军属待遇外，还享受优先选拔使用、学费补偿和国家助学贷款代偿、退役后考学升学优惠、就业服务等政策。

7. 高校毕业生应征入伍“四个优先”政策是怎样规定的？

高校毕业生预征对象参军入伍享受“四优先”政策：

（1）优先报名应征。报名由县级兵役机关直接办理。夏秋季征兵开始前，县级兵役机关通知其报名时间、地点、注意事项等。确定为预征对象的高校毕业生，持《应届毕业生预征对象登记表》,可以直接到学校所在地或户籍所在地县级兵役机关报名应征。

(2)优先体检政考。体检由县级兵役机关直接办理。夏秋季征兵体检前,县级兵役机关通知其体检时间、地点、注意事项等。确定为预征对象的高校毕业生,未能在规定时间内在学校参加体检的,本人持《应届毕业生预征对象登记表》,可在征兵体检时间内报名直接参加体检。

(3)优先审批定兵。审批定兵时,应当优先批准体检政审合格的高校毕业生入伍。高职(专科)以上文化程度的合格青年未被批准入伍前,不得批准高中文化程度的青年入伍。

(4)优先安排使用。在安排兵员去向时,根据高校毕业生的学历、专业和个人特长,优先安排到军兵种或专业技术要求高的部队服役;部队对征集入伍的高校毕业生,优先安排到适合的岗位,充分发挥其专长。

8. 大学生应征入伍服兵役给予国家资助的内容是什么?

高等学校学生应征入伍服兵役国家资助,是指国家对应征入伍服兵役的高校学生,在入伍时对其在校期间缴纳的学费实行一次性补偿或获得的国家助学贷款(国家助学贷款包括校园的国家助学贷款和生源地信用助学贷款,下同)实行代偿;应征入伍服兵役前正在高等学校就读的学生(含按国家招生规定录取的高等学校新生),服役期间按国家有关规定保留学籍或入学资格、退役后自愿复学或入学的,国家实行学费减免。

9. 高校学生应征入伍享受学费补偿、国家助学贷款代偿及学费减免的标准是多少?

按照《关于调整完善国家助学贷款相关政策措施的通知》(财教〔2014〕180 号)、《财政部、教育部、总参谋部关于印发〈高等学校学生应征入伍服义务兵役国家资助办法〉的通知》(财教〔2013〕236 号)、《关于对直接招收为士官的高等学校学生施行国家资助的通知》(财教〔2015〕462 号)文件规定:

(1)学费补偿、国家助学贷款代偿及学费减免标准,本专科生每人每年最高不超过 8000 元,研究生每人每年最高不超过 12000 元。

(2)学费补偿或国家助学贷款代偿金额,按学生实际缴纳的学费或获得的国家助学贷款(国家助学贷款包括本金及其全部偿还之前产生的利息,下同)两者金额较高者执行,据实补偿或者代偿。退役复学后学费减免金额,按学校实际收取学费金额执行。超出标准部分不予补偿、代偿或减免。

(3)获学费补偿学生在校期间获得国家助学贷款的,补偿资金必须首先用于偿还国家助学贷款。如补偿金额高于国家助学贷款金额,高出部分退还学生。

(4)从 2015 年起,国家对直接招收为士官的高等学校学生施行国家资助,入伍时对其在校期间缴纳的学费实行一次性补偿或获得的国家助学贷款(包括校园的国家助学贷款和生源地信用助学贷款)实行代偿。

10. 高校学生应征入伍服兵役都可以享受国家资助政策吗?

在校期间已免除全部学费的学生,定向生、委培生和国防生,均不享受学费补偿和国家助学贷款代偿政策。

11. 高校学生应征入伍服兵役享受学费补偿、国家助学贷款代偿和学费减免的年限如何计算?

学费补偿、国家助学贷款代偿和学费减免的年限,按照国家对本科、专科(高职)、研究生和第二学士学位规定的相应修业年限据实计算。以入伍时间为准,入伍前已达到的修业规定年限,即为学费补偿或国家助学贷款代偿的年限;退役复学后应完成的国家规定的修业年限的剩余期限,即为学费减免的年限;复学后攻读更高层次学历不在减免学费范围之内。

专升本、本硕连读、中职高职连读、第二学士学位毕业生补偿学费或代偿国家助学贷款的年限,分别按照完成本科、硕士、高职和第二学士学位阶段学习任务规定的学习时间计算。

专升本、本硕连读学制在校生,在专科或本科学习阶段应征入伍的,以实际学习时间实行学费补偿或国家助学贷款代偿;在本科或硕士学习阶段应征入伍的,以本科已学习时间或硕士已学习时间计算,实行学费补偿或国家助学贷款代偿,其以前专科学习时间或本科学习时间不计入学费补偿或国家助学贷款代偿。中职高职连读学生学费补偿或国家助学贷款代偿的年限,按照高职阶段实际学习时间计算。

12. 高校学生申请应征入伍服兵役国家资助的程序是什么?

(1)应征报名的高校学生登录全国征兵网,按要求在线填写、打印《高校学生应征入伍学费补偿国家助学贷款代偿申请表》(一式两份,以下简称《申请表》)并提交学校学生资助管理部门。在校期间获得国家助学贷款的学生,需同时提供《国家助学贷款借款合同》复印件和本人签字的一次性偿还贷款计划书。

(2)学校相关部门对《申请表》中学生的资助资格、标准、金额(如有生源地信用助学贷款,学校应联系贷款经办银行或贷款经办地县级学生资助管理机构确认贷款金额)等相关信息审核无误后,对《申请表》加盖公章,一份留存,一份返还学生。

(3)学生在征兵报名时将《申请表》交至入伍所在地县级人民政府征兵办公室(以下简称“县级征兵办”)。学生通过征兵体检被批准入伍后,县级征兵办对《申请表》加盖公章并返还学生。

(4)学生将《申请表》原件和入伍通知书复印件,寄送至原就读高校学生资助管理部门。

13. 因个人原因被部队退回,高校学生已获国家资助的经费要被收回吗?

因本人思想原因、故意隐瞒病史或弄虚作假、违法犯罪等行为造成退兵的学生,学校取消其受助资格,并不得申请学费减免。各省(区、市)人民政府征兵办公室应在接收退兵后及时将被退回学生的姓名、就读高校、退兵原因等情况逐级上报至国防部征兵办公室,并按照学生原就读高校的隶属关系,通报同级教育行政部门。

被部队退回并被取消资助资格的学生,如学生返回其原户籍所在地,已补偿的学费或代偿的国家助学贷款资金由学生户籍所在地县级教育行政部门会同同级人民政府征兵办公室收回;如学生返回其原就读高校,已补偿的学费或代偿的国家助学贷款由学生原就读高校会同退役安置地县级人民政府征兵办公室收回。各县级教育行政部门和各高校应在收回资金后十日内,逐级汇总上缴全国学生资助管理中心。收回资金按规定作为下一年度学费补偿或国家助学贷款代偿经费。

14. 高校毕业生入伍服义务兵役年限是多少?

我国现行的义务兵役制度服役年限是两年。

15. 大学生士兵退役后享受哪些就学优惠政策?

(1)高职(专科)学生入伍经历可作为毕业实习经历。

(2)退役大学生士兵入学或复学后免修军事技能训练,直接获得学分。

(3)设立"退役大学生士兵"专项硕士研究生招生计划。根据实际需求,每年安排一定数量专项计划,专门面向退役大学生士兵招生。在全国研究生招生总规模内单列下达,不得挪用。

(4)将高校在校生(含高校新生)服兵役情况纳入推免生遴选指标体系。鼓励开展推荐优秀应届本科毕业生免试攻读研究生工作的高校在制定本校推免生遴选办法时,结合本校具体情况,将在校期间服兵役情况纳入推免生遴选指标体系。在部队荣立二等功及以上的退役人员,符合研究生报名条件的可免试(指初试)攻读硕士研究生。

(5)将考研加分范围扩大至高校在校生(含高校新生)。退役人员在继续实行普通高校应届毕业生退役后按规定享受加分政策的基础上,允许普通高校在校生(含高校新生)应征入伍服义务兵役退役,在完成本科学业后 3 年内参加全国硕士研究生招生考试,初试总分加 10 分,同等条件下优先录取。

(6)退役大学生士兵专升本实行招生计划单列。高职(专科)学生应征入伍服义务兵役退役,在完成高职学业后参加普通本科专升本考试,实行计划单列,录取比例在现行

30%的基础上适度扩大，具体比例由各省份根据本地实际和报名情况确定。

(7)高校新生录取通知书中附寄应征入伍优惠政策。高校向新生寄送《录取通知书》时，附寄应征入伍宣传单，宣传单主要内容包括优惠政策概要、报名流程指南、学籍注册要求等。

(8)放宽退役大学生士兵复学转专业限制。大学生士兵退役后复学，经学校同意并履行相关程序后，可转入本校其他专业学习。

(9)具有高职(高专)学历的，退役后免试入读成人本科，或经过一定考核入读普通本科；荣立三等功以上奖励的，在完成高职(专科)学业后，免试入读普通本科；

(10)应征入伍的高校毕业生退役后报考政法干警招录培养体制改革试点招生时，教育考试笔试成绩总分加10分。

16. 什么是政法干警招录培养体制改革试点考试?

国家为培养政治业务素质高，实战能力强的应用型、复合型政法人才，加强政法机关公务员队伍建设，2008年开始重点从部队退役士兵和普通高校毕业生中选拔优秀人才，为基层政法机关特别是中西部和其他经济欠发达地区的县(市)级以下基层政法机关提供人才保障和智力支持。

17. 应征入伍的高校应届毕业生离校后户口档案存放在哪里，如何迁转?

被确定为预征对象的高校应届毕业生，回入学前户籍所在地应征的，将户口迁回入学前户籍所在地，档案转到入学前户籍所在地人才交流中心存放。在学校所在地应征的，可将户籍和档案暂时保留在学校。

高校应届毕业生批准入伍后，其户口档案予以注销，档案放入新兵档案。

18. 高校应届毕业生退役后户档迁移有何优惠政策?

高校应届毕业生入伍服义务兵役退出现役后一年内，可视同当年的高校应届毕业生，凭用人单位录(聘)用手续，向原就读高校再次申请办理就业报到手续，户档随迁(直辖市按照有关规定执行)。

19. 什么是士官? 与义务兵有什么区别?

我军现役士兵按兵役性质分为义务兵役制士兵和志愿兵役制士兵。义务兵役制士兵称为义务兵，志愿兵役制士兵称为士官。士官属于士兵军衔序列，但不同于义务兵役制士兵，是士兵中的骨干。义务兵实行供给制，发给津贴，士官实行工资制和定期增资制度。

20. 国家资助直接招收为士官的高等学校学生如何界定?

是指直接从非军事部门招收为部队士官的全日制普通本专科(含高职)、研究生、第二学士学位的应(往)届毕业生,以及成人高校的普通本专科(高职)应(往)届毕业生;纳入全国高等学校招生统一考试、直接招录或选拔补充为部队士官的定向生。

附录六

农业部关于进一步促进休闲农业持续健康发展的通知

各省、自治区、直辖市及计划单列市、新疆生产建设兵团休闲农业管理部门：

休闲农业是重要的民生产业和新型消费业态，为农业增效、农民增收、农村环境改善和经济社会发展做出了积极贡献。为深入贯彻党的十八大，十八届三中、四中全会和习近平总书记重要讲话精神，落实中央1号文件的有关部署，进一步引导休闲农业持续健康发展，现就有关事项通知如下。

一、充分认识发展休闲农业的重大意义

发展休闲农业是提高农业效益、增加农民收入的有效途径。通过发展休闲农业，有利于带动餐饮住宿、农产品加工、交通运输、建筑和文化等关联产业发展，延伸农业产业链，推动一、二、三产业良性互动；增加农业单位面积的多功能产出，提高综合效益，增加农民的生产性收入；把农家的庭前屋后变为经营场所，增加农民的财产性收入；保障农民收入四季不断，开辟农民增收的新空间。

发展休闲农业是增加就业容量、促进社会和谐的有效渠道。通过发展休闲农业，可以有效吸引资金、技术、管理、人才、设施等要素流向农村，增加就业容量，实现农民就地就近就业；培养一批有文化、懂经营、会管理的新型农民，带动农业生产、农民生活和乡风文明水平的提高；促进构建新型工农城乡关系，让广大农民平等参与现代化进程、分享现代化成果。

发展休闲农业是传承农耕文明、弘扬传统文化的重要举措。通过发展休闲农业，能够系统整合农业生产过程、农民劳动生活、农村风情风貌中的文化要素，推动传统文化和现代文明有机融合，促进农村文化事业和文化产业的发展繁荣；能够顺应城乡居民文化消费新期待，把农业文化遗产、历史古村、特色民居等作为历史文化资源和景观资源加以开发利用，实现在发掘中保护、在利用中传承。

发展休闲农业是保护生态环境、建设美丽乡村的有效手段。通过发展休闲农业，能够有效带动农村基础设施建设，改善村容村貌，促进农村生态环境的改善；促进农业产区向产区景区融合发展转变，推动美丽乡村建设；增强农民保护生态环境的意识，有利于农村生态、景观等资源优势转化为产业经济优势。

二、正确把握发展休闲农业的总体要求和基本原则

发展休闲农业，要深入贯彻党中央和国务院的有关部署要求，紧紧围绕促进农民就业增收、满足居民休闲消费需求的目标任务，以农耕文化为魂，以美丽田园为韵，以生态农业为基，以创新创造为径，以古朴村落为形，将休闲农业发展与现代农业、美丽乡村、生态文明、文化创意产业建设融为一体，注重规范管理、内涵提升、公共服务、文化发掘和氛围营造，推动形成政府依法监管、经营主体守法经营、城乡居民文明休闲的发展格局。

发展休闲农业要坚持的基本原则：一是以农为本、科学规划。要以农业为基础，农民为主体，农村为载体，鼓励利用荒山、荒坡、荒滩、废弃矿山和农村空闲地发展休闲农业，不得滥占耕地。二是因地制宜、突出特色。要结合资源禀赋、人文历史、交通区位和产业特色，在大中城市郊区、名胜景区周边等适宜区域，因地制宜、突出特色、适度发展。三是规范管理、强化服务。要加大教育培训、宣传推介力度，制定规范标准，引导行业自律，实现管理规范化和服务标准化。四是政府引导、多方参与。要发挥市场配置资源的决定性作用，更好发挥政府在宏观指导、规范管理等方面的作用，调动各方积极性。五是保护环境、持续发展。要遵循开发与保护并举、生产与生态并重的理念，统筹考虑资源和环境承载能力，加大生态环境保护力度，实现经济、生态、社会效益全面可持续发展。

三、进一步明确发展休闲农业的目标任务

到 2020 年，力争使休闲农业成为促进农业增效、农民增收、农村环境改善的支柱性产业。产业规模进一步扩大，接待人次和营业收入年均增长 10%；布局优化、类型丰富、功能完善、特色明显的格局基本形成；社会效益明显提高，从事休闲农业的农民收入较快增长，全国农民受益面达到 3500 万人；发展质量明显提高，服务水平较大提升，可持续发展能力进一步增强。

注重丰富类型，促进产业聚集。各地要依据区位优势、资源禀赋、历史文化和市场需求，在现有基础上，开拓创新农业主题公园等新型模式，促进多样化、个性化发展。积极支持农民以庭前屋后等资源为载体发展农家乐，鼓励发展农家乐聚集村。引导在适宜区域发展以拓展农业功能、传承农耕文化、适宜度假体验的休闲农庄。结合传统农耕文化展示，建设具有科普、教育、示范功能的休闲农园。支持经营主体协作联合，着力打造精品线路、特色产业带和优势产业群。

注重创意设计，促进文化传承。重视农村文化资源挖掘，强化农业产品、农事景观、环保包装、乡土文化和休闲农业经营场所的创意设计。开发具有地方特色的休闲产品，推进农业与文化、科技、生态、旅游的融合，提高农产品附加值。按照传承与创新相结合的理念，加强农业文化遗产和古村落、古民居的保护，发展具有文化内涵的休闲乡村，促进乡土民俗文化的推广、保护和延续。

注重素质提升，促进提档升级。加大从业人员培训力度，将休闲农业讲解员、导览员纳入职业技能培训体系，逐步推进持证上岗制度。建立人才引进机制，充实一批规划设计、创意策划和市场营销人才。加快休闲农业经营场所的道路、水电、通信、安全防护等基础设施建设，完善路标指示牌、停车场、游客接待中心、公共卫生间、垃圾污水无害化处理等辅助设施。鼓励因地制宜兴建特色餐饮、住宿、购物、娱乐等配套服务设施，满足消费者多样化需求。改善休闲农业种养基础条件，拓展科普展示、示范推广功能。

注重规范管理，促进生态保护。要加大休闲农业标准的制定和宣传力度，因地制宜分层次制定相关标准，逐步推进管理规范化和服务标准化。积极推进行业协会和服务组织建设，通过自我服务、管理和约束，规范竞争行为，营造公平环境。引导各休闲农业经营主体树立开发与保护并举的理念，走资源节约型和环境友好型的发展道路。

注重示范创建，促进品牌培育。鼓励休闲农业经营主体通过要素流动、资本重组和品牌整合，打造叫得响、传得开、留得住的知名品牌。继续开展全国休闲农业与乡村旅游示范县、示范点创建，带动全国休闲农业规范有序发展。开展以中国最美休闲乡村推介、中国美丽田园推介、全国休闲农业星级评定为核心的品牌培育工程。要将诚信理念渗透到品牌建设全过程，提升信用度和竞争力。开展区域性示范点、特色村、星级户、精品线路等创建与推介活动，培育各具特色的地方知名品牌。

四、完善落实促进休闲农业发展的保障措施

不断完善休闲农业支持政策。要积极落实和创设有关扶持政策。认真推动落实现有扶持政策，争取用水用电享受农业收费标准等政策，鼓励休闲农业经营主体争取分时电价政策。休闲农业发展集聚地区，要争取当地政府出台排污费、垃圾处理费等方面的优惠政策。以改善基础设施为重点，广辟渠道，多方增加休闲农业投入，尤其对培育的休闲农业品牌给予扶持。鼓励中小休闲农业企业和经营户以互助联保方式实现小额融资，鼓励农民以资产、资金、技术等要素入股参与经营。鼓励将休闲农业列入农业产业化龙头企业贷款贴息、中小企业创业贷款、扶贫开发贷款范畴，解决发展过程中的融资需求。

加快推进休闲农业公共服务。加快构建网络营销、网络预订和网上支付等公共服务平台，全面提升行业的信息化服务水平。加强科技支撑，依托科研教学单位建立一批设计研究中心、规划中心、创意中心，为产业发展提供智力支撑。强化行业运行监测分析，设计完善休闲农业监测统计制度。加强行业组织服务，加快形成自我管理、自我监督、自我服务的社会化服务体系。

不断加强休闲农业宣传推介。制定并发布全国休闲农业统一标识，并推广使用。完善全国休闲农业网有关功能，加快智能终端开发，加强与地方休闲农业网站的链接，全方位、多渠道、跨平台搭建政务信息发布和供需信息对接平台。鼓励社会资本参与休闲农业推介平台建设，做好休闲农业专题宣传，及时总结推广各地发展经验和先进典型。分季节、区域和特色遴选整合休闲农业经营点，串联形成一批精品线路和精品景点。

五、切实加强对休闲农业工作的组织领导

各级农业部门要从战略和全局的高度深化对发展休闲农业的认识，把促进休闲农业发展摆上重要位置。要加强机构职能和队伍建设，理顺职责关系，建立高效的管理体系。认真履行规划指导、监督管理、协调服务的职责，组织拟定发展战略、政策、规划、计划并指导实施，切实提高指导推动休闲农业科学发展的能力。积极争取当地政府的重视和支持，把休闲农业发展纳入本地农业发展目标考核内容，列入当地经济发展统计指标体系。

要加强调查研究，结合现代农业、美丽乡村和新型城镇化建设，制定区域休闲农业发展规划。对休闲农业进行科学合理的布局，形成与现代农业发展、土地利用、城镇建设、新农村建设、旅游业发展相衔接的规划体系。要积极争取将休闲农业基础设施和重点项目建设纳入当地国民经济和社会发展规划。

要加强力量整合，落实责任分工，形成工作合力。强化与发改、财政、国土、旅游、税收、金融、保险等有关部门的协调与合作，建立由农业、旅游和其他有关部门参与的管理机制，积极争取休闲农业扶持政策措施，并合力推动落实，共同促进休闲农业持续健康发展。

农业部
2014 年 11 月 26 日

附录七

湖南农业大学促进贫困毕业生顺利就业的意见

为了深入贯彻湖南省教育厅《关于促进贫困大学生充分顺利就业的通知》(湘教发〔2005〕132 号)文件精神,关心和帮助我校贫困大学生就业,加大对贫困毕业生就业的帮扶力度,特制定本意见。

一、指导思想

贫困大学生是大学生中的特殊群体,其就业问题涉及广大群众的切身利益,事关社会的稳定与发展。促进贫困大学生充分顺利就业,是实践“三个代表”重要思想,贯彻落实科学发展观,推动社会主义和谐社会建设的具体体现,也是学校以学生为本的办学理念的具体要求。我们要高度重视贫困大学生的就业,要强化政治意识,带着深厚的感情,采取特殊的措施,努力帮助贫困大学生顺利就业。

二、工作要求

(1)学校每年针对贫困毕业生开展一次全面、细致的调查摸底。在摸清底子,了解贫困毕业生思想、学习、生活情况的基础上,建立贫困毕业生档案,加强就业援助的针对性。

(2)切实加大对残疾、孤儿、少数民族学生和家庭困难学生的就业扶持力度。

(3)对贫困毕业生就业实行重点指导、重点服务。各学院要根据贫困毕业生的实际情况,有针对性地开展就业指导,加强人文关怀和心理咨询、心理健康服务,防止贫困毕业生因就业问题出现焦虑、悲观和不满情绪,帮助他们调整择业心理、提高择业能力,促使其全面分析就业形势,正确认识自我,转变就业观念,拓展就业思路,树立正确的人生观、价值观和择业观。

(4)要加大对贫困毕业生就业的推荐力度,各部门、各学院要积极为贫困毕业生提供就业信息,开拓就业渠道,创造就业机会,帮助他们尽快落实就业工作岗位。

三、具体措施

(1)学校设立贫困毕业生就业专项经费,主要用于贫困毕业生求职材料的制作、求职交通费用的补贴及各项推动贫困毕业生就业工作奖励及其他费用的支出。

(2)对毕业前已签订就业协议的贫困毕业生,学校免费为其办理就业派遣等手续,免费邮寄报到证明文件和档案材料;对两年择业期内未就业的贫困毕业生,其档案可由学校免费托管。

(3)学校每年努力争取省、市人事及相关部门对就业工作的支持,免费发放就业"一卡通"服务卡,方便未就业贫困毕业生在规定的城市及其服务内享受免费就业服务,帮助贫困毕业生择业、就业。

(4)学校开通未就业贫困毕业生免费接收招聘信息手机短信服务,所需短信定制费用由学校从贫困毕业生就业专项经费中支付。

(5)有计划地组织和带领在校期间表现好的校级三好学生标兵中的贫困毕业生到本省、市及珠江三角洲和长江三角洲一带参加人才交流会或直接与用人单位面对面交流,为他们免费提供门票、住宿,适当给予路费补助。

四、本《意见》自公布之日起执行,由学校招生就业指导处负责解释

二〇〇七年十二月二十八日

附录八

湖南农业大学关于进一步引导和鼓励毕业生面向西部和基层就业的意见

各院、部、处、馆，后勤服务集团：

为认真贯彻落实中共中央、国务院、湖南省关于引导和鼓励高校毕业生面向西部和基层就业的有关文件精神，创造优良的成才环境，拓宽毕业生就业渠道，更好地鼓励毕业生到西部和基层就业，推进我省“四化两型”建设，培养更多优秀“三农人才”，特提出如下意见：

一、进一步健全导向机制，引导毕业生面向西部和基层就业

认真开展思想政治教育工作，积极引导毕业生树立正确的世界观、人生观和价值观，帮助毕业生认清就业形势，及时调整就业期望，引导毕业生到西部和基层去，到祖国最需要的地方去。

积极开展面向西部和基层就业的政策宣传，营造服务西部和基层的浓厚氛围。组织开展“校院二级基层服务活动月”活动，开展以“基层就业创业”为主题的理想信念教育活动，编印宣传资料，切实开展讨论会、演讲赛、辩论赛、基层就业的形势报告会、优秀校友事迹报告会等活动，增加毕业生服务西部和基层的责任感、使命感。

成立以学生为主的社团性质基层工作组织，加强对意向西部和基层就业毕业生的组织、管理和引导。组织开展以“调研基层、服务基层”为主题的社会调研、科技服务、文化下乡、戏剧下乡等丰富多彩的志愿者三下乡活动，引导大学生深入基层、体验基层，形成扎根基层的内在动力。学校对西部和基层就业的毕业生予以表彰和奖励。

二、进一步健全培养机制，提升毕业生服务西部和基层的工作能力

培养符合专业规范，满足行业、职业要求的“厚基础、宽口径、强能力、高素质”的应用型人才。满足服务西部和基层工作的需要，开设服务基层模块课程，并将其纳入专业人才培养方案，作为公共选修课程层次。如开设“基层就业系列专题讲座”，加大对“组织选调”“大学生村官计划”“特岗计划”“三支一扶”和“西部计划”的笔试、面试培训力度，切实提高毕业生到西部和基层就业的工作适应能力和业务素质。

三、进一步健全激励机制，促进毕业生到西部和基层建功立业

加大对我校毕业生面向西部和基层就业的政策支持力度，设立“毕业生面向基层就业专项基金”，专款专用。具体政策和措施如下：

1. 奖励政策

(1)奖励对象：

每年 8 月 31 日前签约的普通全日制脱产类研究生、本专科毕业生，并且符合下列条件之一。

①国家基层服务项目人员：入选“到村任职计划”“特岗计划”“西部计划”的毕业生。

②地方基层服务项目人员：入选“组织选调”“三支一扶”的毕业生。

③基层单位服务人员：派遣到中西部地区和艰苦边远地区县级以下(含县级)机关、企事业单位，包括乡(镇)政府机关、农村中小学、国有农(牧、林)场、农业技术推广站、畜牧兽医站、乡镇卫生院、计划生育服务站、乡镇文化站、乡镇劳动就业服务站的毕业生。

④基层艰苦行业服务人员：工作现场地处中西部地区和艰苦边远地区县级以下(含县级)的气象、地震、地质、水电施工、煤炭、石油、航海、核工业等中央单位艰苦行业生产第一线的毕业生。

⑤基层社会管理人员：城镇街道社区从事法律援助、就业援助、社会保障协助、文化科技服务、养老服务、残疾人居家服务的毕业生。

⑥基层创业人员：到中西部地区和艰苦边远地区县级以下(含县级)基层自主创业的毕业生。

(2)奖励标准：

①上述 1 至 5 类基层服务项目人员，按 2000 元/人的标准奖励。

②基层创业的毕业生，按 5000 元/人的标准奖励。

2. 优惠政策

(1)凡毕业后自愿到湘西自治州各县市区和国家、省扶贫开发工作重点县所辖乡镇、村工作，服务期满 5 年的，其在校期间的国家助学贷款本金按国家相关规定由国家代为偿还。

(2)对于已被录取为我校研究生的应届本科毕业生到县级以下(含县级)基层服务

的，由本人申请，学校可为其保留入学资格1～2年；对于选派到湘西自治州各县、市、区和国家、省扶贫开发工作重点县所辖乡镇、村和街道社区工作2年以上，服务期满后3年内报考硕士研究生的，初试总分加10分，同等条件下优先录取。

(3)凡入选“大学生志愿服务西部计划”“大学生村官”“三支一扶”项目的毕业生，毕业时办理人事代理，服务期满后，其人事代理费用可凭票据到学校报销。

(4)凡参加由学校组织社会培训机构开展的“组织选调生”“大学生村官”“西部志愿者”“特岗教师”等专题培训的，学校补贴一定的报名费和培训费。

3.工作经费及激励措施

(1)校院举办的第二课堂活动、基层就业培训、社会实践、回访调研、专场招聘会等项目的工作经费，由招生就业指导处协调相关部门提出具体实施意见后执行。

(2)基层就业工作项目列入学校就业工作考评体系，增设“基层就业先进集体”单项奖。

四、进一步健全服务机制，做好西部和基层就业毕业生的坚强后盾

(1)组织开展西部和基层就业专题调查研究，了解西部和基层现实状况，分析西部和基层对人才的需求情况以及对就业人员的素质要求，加强就业工作实践指导。

(2)积极搜集西部和基层就业岗位需求信息，认真组织实施面向西部和基层就业的专场招聘会，畅通毕业生基层就业渠道。

(3)建立面向西部和基层就业毕业生帮扶制度。各学院建立“西部和基层就业人才库”，安排与其工作或专业对口的老师进行跟踪服务。对西部和基层就业毕业生进行人文关怀、专业指导，关心、关注他们成长，鼓励他们在西部和基层更好地发挥作用、建功立业。

(4)完善西部和基层就业毕业生回访机制。做好面向西部和基层就业毕业生的回访工作，建立长期的慰问联系机制，及时了解并协助他们解决困难，提供有针对性的信息咨询服务。

(5)做好西部和基层就业毕业生服务期满后的就业指导工作。为服务期满后的毕业生免费提供就业信息服务，协助其再次择业。

五、进一步加强对西部和基层就业毕业生的管理

到西部和基层就业的毕业生必须认真履行就业协议，不得擅自调换工作单位。入选“大学生志愿服务西部计划”“村官计划”“三支一扶”的毕业生，在协议规定的服务期内不得离开服务单位。凡违反上述规定者，学校将视情况取消其享受的优惠政策。

六、本意见适用于湖南农业大学普通全日制脱产类研究生、本专科毕业生

七、本意见自发布之日起实施，由招生就业指导处负责解释

原《湖南农业大学关于引导和鼓励毕业生面向西部和基层就业的意见》（湘农大〔2007〕164 号）自行废止。

二〇一一年十二月九日

附录九

关于进一步做好2023届毕业生就业工作的通知

校属各单位：

党的二十大明确指出，就业是最基本的民生，要强化就业优先政策，健全就业促进机制，促进高质量充分就业，要完善重点群体就业支持体系，加强困难群体就业兜底帮扶。为深入学习贯彻党的二十大精神，全面落实党中央、国务院和省委、省政府关于高校毕业生就业创业工作的决策部署，按照全国普通高校毕业生就业创业工作第二次网络视频会议和《教育部关于做好2023届全国普通高校毕业生就业创业工作的通知》（教学[2022]5号）要求，现就切实做好我校2023届毕业生就业工作通知如下：

一、强化责任担当全力攻坚促就业

1. 学校以习近平新时代中国特色社会主义思想为指导，坚持把促进毕业生就业作为就业工作的重中之重，在培养知农爱农新型人才上尽职尽责，紧密结合实际，创新思路举措，聚焦当前就业工作重点难点，千方百计促进毕业生多渠道就业创业，大力加速推进就业工作进程，努力实现毕业生更加充分和更高质量就业。

2. 校属各单位要把就业摆在“六稳”“六保”首位，认真领会习近平总书记对高校毕业生就业工作做出的“顺利毕业、尽早就业”的指示批示精神，进一步提高政治站位，增强责任感使命感，强化就业优先政策，细化落实一切有利于毕业生高质量充分就业的保障措施。

3.各学院领导班子要持续强化责任担当，要坚持早谋划、早部署、早行动，抢抓工作关键期，认真落实就业工作“一把手”工程。学院领导要亲自研究、亲自部署、亲自推动、亲自督查，加强统筹安排，精心组织实施，压实工作责任，要明确时间表、任务书、路线图，挂图作战，倒排工期，全面落实全局、全程、全员“三全”就业工作机制，整体推进学院就业工作。

二、挖潜创新开拓更多市场化岗位

4.深入开展“春耕夏耘”书记、校长访企拓岗就业专项行动。充分发挥学校党政一把手以及校领导班子成员在促进毕业生就业工作中的重要示范作用，带动学校全员深度参与毕业生就业工作。突出学科专业精准对接，开展学院领导班子和学科专业负责人访企拓岗促就业行动(详见附件1)，组织发动专任教师、辅导员、行政管理人员等广泛参与，扩大参与范围和走访的覆盖面。实施“千企万岗进校园计划”“访企拓岗·荐岗耘岗”活动，创造条件主动邀请用人单位进校招聘，为毕业生开拓更多就业岗位，精准推荐更多就业职位，健全完善学校毕业生市场化就业工作机制，拓展更多就业基地，结交更多用人单位，深化“校院企”合作新模式。

5.多层次开拓市场化社会化就业岗位。各学院要积极对接地方政府、企业、行业协会等开拓就业市场，全面融入“一带一路”“长江经济带”“粤港澳大湾区”等重大发展战略，积极组织赴长株潭、长三角、珠三角、部分省会城市等就业需求旺盛地区进行调研走访，进一步开拓省内外就业市场(详见附件2)，拓宽就业渠道。充分利用行业、校友资源，积极主动地向市场向社会拓展岗位，及时向毕业生推送岗位。鼓励和支持毕业生灵活就业，推动灵活就业规范化发展。

6.充分发挥校园招聘主渠道作用。各学院要加强校园招聘市场建设，开展院级“行业专场招聘会”“就业促进周”等系列活动，积极举办多类别、多层次、多频次的线上线下校园招聘活动(详见附件3)，鼓励开展小而精、专而优的小型专业性、行业性供需双选活动，提高招聘活动成效和质量。

7.深度使用学校“3+云就业”服务平台开展精准就业指导服务。学校将进一步优化升级“互联网+就业管理+就业服务+就业指导”的“3+云就业”平台功能和服务，不断提升平台专业化、智能化、便利化水平。各学院要深度运维学院就业信息服务网，在实现岗位信息共享基础上，向毕业生精准推荐就业岗位。

三、充分发挥政策性岗位吸纳作用

8.引导毕业生赴基层、西部就业。积极做好“组织选调”“特岗教师”“三支一扶”“大学生村官”和“西部计划”等国家、地方基层项目就业的宣传、服务工作，加大宣传力度、深化就业育人、优化服务保障，引导鼓励毕业生基层就业。要以“高校基层就业创业卓越奖”遴选、“强农兴农·湘农人”就业创业典型案例征集(详见附件4)、“毕业生赴基层、西部就业岗前培训”等系列活动(另行通知)为引领，开展丰富多彩的教育活动，挖掘往届毕业生典型人物和事迹，引导毕业生将个人价值理想融入党和国家需要，深入基层、扎根基层、建功基层。

9.鼓励毕业生参与政策性岗位招录工作。落实宣传好大学生入伍政策，鼓励大学生积极应征入伍。聚焦公务员、教师、科研助理以及事业单位、国企等政策性岗位招录，专业及行业相关的各类职业资格考试，积极做好信息发布、政策解读、心理疏导、精准指导等工作。教育引导毕业生结合自身实际参与政策性岗位招录考试。

10.全力做好毕业生继续深造的指导服务工作.广泛发动学院党政领导、教学基层组织负责人、专业教师、班主任全员参与毕业生考研、出国出境留学的指导服务工作，从条件保障、应试培训、指导服务等多维度为毕业生继续深造保驾护航。聚焦升学与就业，加大招录考试政策宣传解读力度，引导毕业生正确处理升学与就业的关系，对有就业意愿的毕业生提供个性化指导，精准推送就业岗位，帮助其尽快就业。

四、突出精准做实做细就业指导帮扶

11.持续推进落实校友“一带一建”就业帮扶计划。分类建立重点群体毕业生台账，持续推进落实校友“一带一建”就业帮扶计划。校属各单位在各校友分会中宣传发动，各学院重点在与本学院专业相关的行业、领域有优势资源的校友中宣传发动。认真做好2023届毕业生就业意向调研，重点对贫困家庭、低保家庭、零就业家庭、脱贫家庭(原建档立卡)、农村户口、就业困难、单亲家庭、工科女生、身体残疾、重灾区以及少数民族聚居地区少数民族毕业生等就业弱势群体分类建档，按其就业意向与校友所在行业领域优势资源进行精准匹配，建立“一带一”就业创业指导帮扶小组，并配套建立跟踪服务机制。在“一带一”帮扶毕业生高质量就业创业的同时，有效利用校友资源开展市场拓展和就业创业基地建设，努力做到建一个基地带动一批毕业生就业创业。

12.持续开展就业创业帮扶“双百行动”。重点兜底帮扶身体残疾、零就业家庭、低保家庭、脱贫家庭(原建档立卡)这4类毕业生。落实“责任包干制”，学院就业创业工作领导小组、院系和部门负责人及就业工作人员对兜底帮扶对象实行“一对一”结对帮扶，认真落实“扶贫先扶志、扶贫必扶智”的工作要求，引导帮扶毕业生树立正确、合理、理性的择业观，开展不少于3次谈心谈话、精准推荐不少于3个优质就业岗位，利用“湖南省高校困难毕业生群体就业帮扶平台”(详见附件5)落实信息化兜底帮扶台账，实行“一人一策”动态管理，做到“一院一账，一类一案”，实现就业帮扶“两个百分百”目标，确保对所有兜底毕业生做到“帮扶百分百”，对有就业意愿的兜底毕业生做到“就业百分百”。要切实结合“宏志助航计划”就业能力培训项目，用足用好线上线下培训资源，提高特殊群体毕业生就业竞争力，确保毕业生稳定就业。

五、聚焦学生提升就业指导服务质量

13.创新丰富就业指导内涵。各学院要加强就业观教育，通过政策形势讲座、榜样示范引领等形式，引导毕业生把个人理想追求融入现代化国家建设新征程，主动投身国家重大工程、重大项目、重要领域就业。进一步深化就业育人，健全完善分阶段、全覆盖的全程化职业生涯与就业指导体系。针对不同年级开展学生职业发展和就业指导活动，充分利用“互联网＋就业指导”公益直播课等各类就业指导资源，开展校企供需对接、简历撰写指导、面试求职培训等活动，充分利用微信、抖音等新媒体平台，以学生喜闻乐见的方式，实施个性化指导服务，提升毕业生就业技巧和就业竞争力。

14. 精心开展职业生涯就业教育活动. 将职业生涯和就业教育贯穿人才培养全过程，继续举办大学生职业生涯教育体验周、大学生职业生涯规划大赛等系列活动，强化职业生涯规划引领作用。各学院要开展职业宣讲和生涯人物访谈、职业生涯规划导师、职业咨询师专题讲座与就业创业预约咨询、收纳面谈等活动，积极引导大学生参与职场体验，激发职业发展内生动力和职业探索兴趣，大力弘扬工匠精神、敬业精神、奉献精神，帮助树立正确的人生观、价值观、成才观和就业观，及早做好就业准备。

15. 实施就业指导队伍素质提升计划。举办就业专兼职教师、就业专干研讨会，组织就业指导教师教学技能大赛，开展就业指导名师工作室评选活动，深入推动校级就业课题研究应用，开展校院两级就业指导工作人员分类培训，提升就业指导队伍工作水平。开展“就业育人”先进典型案例征集活动（详见附件 6），发挥典型案例的示范引领作用，加强宣传推介，深化交流借鉴，进一步调动各方面的积极性、创造性，推动全校就业创业工作提质增效，促进毕业生实现更加充分更高质量就业。

16. 及时更新上报就业进展情况。开展就业工作周报制（样式见附件 7），各学院要统筹部署、精心安排，指导本学院毕业生（含结业生）按规定及时完成毕业去向登记，及时审核、更新毕业生就业进展情况，及时上报学院“访企拓岗”专项行动开展情况。

17. 强化就业统计监测工作。要严格落实就业统计监测工作“四不准”“三严禁”要求，严格落实就业统计监测规范要求，严格审核学生就业信息及相关佐证材料。

18. 维护毕业生就业权益。要加强毕业生诚信教育和就业安全教育，严密防范招聘欺诈、求职风险和“培训贷”陷阱等违法招聘行为，严格审核校园招聘企业资质及相关招聘需求，审核用人单位与毕业生签订劳动（聘用）合同或就业协议书，帮助和支持毕业生防范求职风险。

特此通知。

附件:1.“春耕夏耘”校院两级访企拓岗促就业专项行动任务清单

2.2023 年毕业生就业市场开拓方案

3.2023 届毕业生校园招聘活动方案

4.“强农兴农·湘农人”就业创业典型征集方案

5.“困难毕业生群体就业帮扶平台”使用说明

6.“就业育人”先进典型案例推荐表

7.2023 届毕业生就业工作周报(样表)

附录十

湖南农业大学大学生就业咨询案例

邓艳　湖南农业大学招生就业指导处

一、案例介绍

（一）案例选择

湖南农业大学仅有两位专职职业规划课程老师，因此，本人承担全校超过半数以上的本科生的教学工作。平时找我咨询关于职业选择与就业方面各种问题的学生也特别多。

高同学，湖南农业大学经济学院学生，专业为金融学。曾在2021年春季，也就是他在大三的第二学期上了就业指导课程。他将在2022年6月毕业。他的就业方向为出国、去银行或是读研。现在他很纠结，不知道如何选择。第一，他特别想出国，为母亲脸上争光；第二，他又想去银行（长沙建设银行一家分行的面试已经通过），想尽快赚钱让母亲过上舒服的日子；第三，他也想读研究生，提高学历，以便以后能找更好的工作，赚更多的钱。他现在找我是想让我帮助他做一个正确的选择。

（二）咨询目标

（1）帮助来询者明确自己的优势与劣势。

（2）帮助来询者理清自己的就业困惑，进行职业定位。

（3）帮助来询者选择适合自己的就业方向。

（三）规划思路

针对来访者的困惑和帮助需求，我设计了具体的咨询帮扶规划计划。总体咨询方案设计如下。

第一步：填写《收纳面谈表》，了解来访者的详细信息；

第二步：协助来询者进行自我探索（价值观、性格、职业兴趣、职业能力等），帮助来询者真正认识自己、了解自己的优势和不足、了解自我；

第三步：对职业进行探索，了解职业、职位的具体要求；通过探索，根据 CIP 理论（认知信息加工理论），锁定职业目标，对自我进行职业定位，对职业目标进行全方位的分析；

第四步：使用生涯决策平衡单，做出毕业出路选择。

二、咨询过程

咨询目标：收纳面谈，建立关系，收集来询者各方面的信息。

在与他交流前，我介绍 GCDF（全球职业规划师）的相关工作职责与范围，强调只能协助他选择，并不能帮他做决策。

在《收纳面谈表》中，了解了他的家庭背景：他生活在一个小城镇，父母亲在他两岁时离异，父亲是一个部队官员，母亲在湖南常德一个公司做会计。父母离异后，他一直与母亲一起生活在常德。父亲转业后，在海南三亚的一个单位工作，后成为单位的副局长，经济条件较好。父亲与另外一个女人结婚后生了一个比他小三岁的弟弟。而母亲却没有再嫁，一直带着他一起生活。弟弟正面临高考，父亲正为成绩不好的弟弟发愁。作为一直是父母亲骄傲的儿子，他面临着就业的问题，父亲不是很担心他，愿意资助他出国。而母亲很担心，却无法帮助他。

个人教育：从小学到大学一直都非常优秀，成绩非常好，担任了班长、团支书、院学生会主席等各类职务。

目前就业方向选择的困惑：

(1)出国学习，经济学专业。

(2)银行工作。

(3)继续在国内读研深造，经济学专业。

(一)第一次咨询

咨询目标：协助指导来询者完成自我探索。

咨询方法：采用正式评估与非正式评估。

高同学一进我办公室，笑眯眯地说："邓老师，我来了，你忙不?"我笑笑让他坐。从我之前对他信息的了解，我感觉家庭成长环境因素对他影响比较大。所以我决定先从他的家庭问题开始。

我问："你最在乎的人是你母亲，对吗?"高很急地回答："是啊，因为她为了我付出了一生啊，为了我她没有再嫁，怕我受委屈。"我又问："那你母亲最在意、最在乎的是什么呢?"高犹豫了一下答道："她最在乎的是我一定要比我那个弟弟强，很在意我是不是接受我爸的资助。"我问："平时与你父亲联系多吗?"看了看我，有点为难回答："一般我妈不让我和我爸联系，我爸会偷偷给我打电话，给我卡里打钱，但我都不让我妈知道。"我接着问:“关于你的工作,他们有什么样的建议呢?”高很着急地回答:“我妈很喜欢我去银行工作,而我爸却想让我出国,所有的费用他来出。”我问:“那你自己的意思是什么呢?”高停了一下说:“我妈其实是愿意我出国,但是,她没有办法负担我的经济了。我也不想让我妈继续负担我,我也很想尽快地工作,但也不想错过可以深造的机会。”

在了解高的情况后,我明白到,一直受家庭的影响,他自己并没有对将来进行职业规划。我首先帮他分析了大学生的毕业出路,大学生选择毕业去向不仅应该充分认识自我、了解环境,根据自身的优势来选择,而且还必须结合国家的需求来选择自己毕业后的去向,是就业、创业还是深造。结合他的三个选择,我将其归为两个选择——就业(去银行)或深造(出国或读研)。

我分析了国有银行的优劣:国企的特色优势一般是论资排辈,同级职工之间少有摩擦,关系较为融洽。国企职工享有年休假、疗养假、生育假、病假等各种假期,没有太多的后顾之忧,所以成为不少学生的首选。

我又详细地跟他讲了出国的问题。首先,作为学生,你为什么要留学?留学需要达到的预期效果是什么?要选择什么专业?留学后如何就业?这些都应有详细的考虑和规划。我们应结合自己的兴趣、能力,对自己未来的职业发展有一个理性定位,考虑清楚打算从事哪种职业、补充哪方面的知识、培养哪些能力等问题,然后再选择专业和学校,切勿盲目跟风。其次,还要清楚自身是否具备留学条件。只有你具有相当程度的英(外)语能力,你才有可能获得录取和资助。否则,即便获得录取和资助,如果英语水平不足,也可能会在签证时遇到麻烦,甚至被拒签。再者,掂量家庭经济实力,学生在选择国家和专业时也要考虑一下家庭的承受能力,一般来说出国每年最少需要 10 万元。

接下来,我又跟他分析了读研情况。读研是一个艰苦而漫长的过程,为什么一定要读研?要读哪个学校?哪个专业?读研之后,你的就业方向是什么?他被我的问题难住了,因为他做选择前没有经过深入的思考。

我鼓励他说:“如果你还说不好选择哪一个出路,那我们逐步地从了解自己和了解职业开始。”我们学校购有朗途职业测评,我让他先去进行霍兰德职业兴趣测试和 MBTI 性格测试,他同意使用这两个自我探索工具进行自我探索,我们约定,在他自我探索完成后,我们开始第二次咨询。

(二)第二次咨询(五天后)

咨询目标:进一步协助和指导来询者完成自我探索。

他的 MBTI 测试结果是:ESTJ(外向、感觉、思考、判断)。

这类人的性格特点表现为做事快、讲求效率、有责任感、善于自我约束,能够尽职尽责地完成工作。喜欢推进事情并掌控局势，敏锐，对细节有出色的记忆力，善于组织，能够系统化地通过有效的方式安排时间并达成目标。有计划、有条理、喜欢把事情安排得井井有条，按照计划和步骤进行。这类人有极强的逻辑性，非常喜欢做决定，做事客观、善于分析，习惯从细节出发，关注现实，重视经验和感受，注重实用价值，重视眼前，一般难以对事情的远景和潜在价值进行关注。这类人性格外向，为人友好、直爽，是可以信赖的伙伴。喜欢传统，乐意遵照规范办事，是原则和传统的良好维护者，擅长判断人，严于律己，在人际关系上始终如一。

高说，这种性格的描述的确非常符合自己的情况。重视传统，但是很难把握对未来的发展。对自己的人生价值很少考虑。

他的职业兴趣类型：霍兰德代码 ECI（企业型、常规型、调研型）。

企业型（E）：追求权力、权威和物质财富，具有领导才能。喜欢竞争、有野心和抱负。为人务实，做事有较强的目的性。

常规型（C）：尊重权威和规章制度，喜欢按计划办事，细心、有条理，喜欢关注实际和细节情况，通常较为谨慎和保守，富有自我牺牲精神。

调研型（I）：抽象思维能力强，求知欲强，肯动脑，善思考，喜欢独立的和富有创造性的工作。知识渊博，有学识才能，考虑问题理性，做事喜欢精确，喜欢逻辑分析和推理，不断探讨未知的领域。

霍兰德职业兴趣测试说明他喜欢按计划办事，细心、有条理，关注实际和细节情况，考虑问题理性，做事喜欢精确，善于逻辑分析和推理，喜欢独立而富有创造性的工作，并且具有领导才能。在职业发展过程中，他可以充分发挥自己沉稳、耐心、友善的优点和自我控制强、工作细致且有毅力的优势。

ECI 型适合的职业：会计、出纳员、行政助理、投资分析员、工程师、办公室人员、项目经理、营销管理人员、政府官员、企业领导、法官、律师。

他给我看了性格兴趣测评后，又拿出一份根据施恩的职业锚理论做出的自身职业价值观测评报告，我很高兴他能主动去进一步分析自己。他得分最高的前三项职业价值观分别是报酬财富型（20 分）、成就实现型（19 分）、团队融洽型（19 分）。

报酬财富型的人希望选择的工作能够给予他们足够多的经济回报。他们往往确信没有钱在这个世界上是万万不能的，认为人与人之间最主要的关系是金钱关系。他们在选择工作的时候，更多的是考虑这份工作是否能明显、有效地改变自己的财务状况。成就实现型的人认为工作的目的和价值，在于不断取得成就，不断得到领导和同事的赞扬或不断实现自己想做的事，最大限度地实现自我价值。团队融洽型的人希望工作能以团队合作的方式进行，大多数同事和领导在工作中有融洽的人际关系，相处在一起感到愉快、自然，认为这就是很有价值的事，是一种极大的满足。

为了更进一步了解他，我又使用了非正式评估——分类卡，进一步探索他的职业兴趣、职业技能和职业价值观，得出的结果是：

(1)重视：传统、诚实正直、稳定性、保障、个人成长、合作。

(2)从不重视：创造性、压力下工作。

最后，在咨询结束时，我给他留了作业：写自传、分析个人的优势与劣势。

(三)第三次咨询(一周后)

咨询目标：职业探索

1. 分析上次布置的作业——自传(人生经历中值得骄傲的五件事)

在来询者值得自豪的五件成就中，其中最突出的是他在母亲最伤心的时候在一定程度上能帮助母亲。其他包括：中学时期表现出来的口才演讲能力；在大学期间成功竞选院学生会主席；处理好了与老师、同学等各方面的关系；进入学院保研的考察对象。从自传中，可以看到他非常重视亲情，善于处理人际关系，有上进心。

2. 个人的优势与劣势

优势：良好的表达能力、容易结交新朋友、高效率、领导力。

劣势：过于传统、分析能力不够。

3. 了解职业

我向他介绍了有关职业方面的信息。国家《职业分类标准》依据在业人口所从事的工作性质的同一性进行分类，将全国范围内的职业划分为大类、中类、小类三层，即 8 大类、64 中类、301 小类。8 个大类的排列顺序是：第一，各类专业、技术人员；第二，国家机关、党群组织、企事业单位的负责人；第三，办事人员和有关人员；第四，商业工作人员；第五，服务性工作人员；第六，农林牧渔劳动者；第七，生产工作、运输工作和部分体力劳动者；第八，不便分类的其他劳动者。在八个大类中，第一、二大类主要是脑力劳动者，第三大类包括部分脑力劳动者和部分体力劳动者，第四、五、六、七大类主要是体力劳动者，第八类是不便分类的其他劳动者。

4. 留作业

在咨询结束时，我给他留了作业。

(1)你最感兴趣的是什么？一直以来，你最想做的事是什么，你最感兴趣的事情是什么？你在最无助的时候，那一丝支撑你的亮光是什么？你在最迷茫的时候、最无聊的时候，从没想放弃的是什么？你内心有没有一种满足感的追求？

(2)你现在能做什么？你掌握了多少知识、经验、技能？你具备哪些能力？

(3)你将来想从事什么工作？你的职业期望是什么？

(四)第四次咨询(一周后)

在了解自我和职业后，协助他做职业决策。

1. SWOT 分析法

我让他对自己做个细致的 SWOT 分析，这样他就会根据自己的个人优点和弱点，仔细地评估出自己所感兴趣的不同职业道路的机会和威胁所在。

Strengths 优势	**Weaknesses 劣势**
1. 英语过六级，熟练的听说能力 2. 人际交往能力比较强 3. 形象还行，沟通能力强	1. 不喜欢创造性的工作 2. 处理事情缺乏灵活性
Opportunities 机会	**Threats 威胁**
1. 能从事主要与人打交道，并需要一定的人际技巧的职业 2. 需要一定英语能力的职业	1. 不太适合创造性过强、过于强调自主开发的职业 2. 担心不能协调好家庭生活(主要是指与母亲)的职业

2. 生涯决策平衡单

“决策平衡单”经常被应用于问题解决模式和职业咨询中，用以协助咨询者从个人物质得失、他人物质得失、个人精神方面的得失、他人精神方面的得失这四大方面分析每一个可能的选项，判断分别执行各选项的利弊得失，然后依据其在利弊得失上的加权计分排定各个选项的优先顺序，以执行最优先或偏好的选项。

选择		权重	(1)出国		(2)直接就业(去银行)		(3)读研	
因素			+分数(+得分)	−分数(−得分)	+分数(+得分)	−分数(−得分)	+分数(+得分)	−分数(−得分)
个人物质得失	收入	5		−6(−30)	5(25)			−6(−30)
	健康状况	3		−3(−9)	4(12)			−6(−18)
	未来发展	1	6(6)		4(4)		6(6)	
	升迁状况	2	6(12)		4(8)		6(12)	
	社交范围	3	5(15)			−1(−3)	3(9)	

续表

选择		权重	(1)出国		(2)直接就业(去银行)		(3)读研	
因素			+分数(+得分)	-分数(-得分)	+分数(+得分)	-分数(-得分)	+分数(+得分)	-分数(-得分)
他人物质得失	家庭收入	6		-6(-36)	6(36)			-3(-18)
	家人相处时间	6		-6(-36)	5(30)			-2(-12)
个人精神方面的得失	所学所用	3		-2(-6)	8(24)		3(9)	
	进修需求	2	6(12)			-3(-6)	6(12)	
	改变生活方式	5	6(30)			-4(20)	4(20)	
	成就感	5	4(20)		4(20)		4(20)	
	挑战	4	3(12)			-2(-8)	3(12)	
他人精神方面的得失	父亲支持	1	6(6)			-3(-3)		-3(-3)
	母亲支持	6		-6(-36)	10(60)			-1(-6)
	爱人支持							
总分			113	-153	219	-40	100	-87
			-40		179		13	

看到这个完整的表格时,他沉默了。他的心里到底想要什么,他现在已经非常清楚了。很明显,出国这个看上去让人羡慕的出路并不是他所需要的。但是,他却还是在犹豫,出国这样的机会,他是非常不想错过的。读研的机会也是一个不错的机会啊,而工作可能只是一般的机遇而已。

我考虑了一下,问他是否愿意对自己的将来做一个想象,他不是很感兴趣。这与他对自己的未来不太关心相符合。当我说到可能会帮助他做决策时,他同意了。

我让他静静地坐在椅子上,闭上眼睛,四肢放松,两脚脱了鞋放在地上,用电脑放出轻柔的音乐,慢慢地呼气、吸气、呼气、吸气、呼气,吸气……试着想象一下,他 10 年后的工作与生活是什么样子的?住在什么样的房子里?早上起来第一眼看到的是什么?和谁一起用早餐?坐什么样子的交通工具去上班?工作的环境是什么样的?工作的内容是什么?晚餐是怎么吃的?一分钟……五分钟……十分钟……我轻轻地说:"现在你慢慢地醒来,回到现在你的生活,现在的你……"

他睁开眼睛,没有了犹豫,对我说:"我想,我知道我的选择了!"这让我很吃惊,我没有想到，这个我认为可能是最不重要的一个环节却能帮到他，问道："你确定你知道自己需要的是什么了吗?"他说："是的，我看到了将来的我。我就是需要那样子的生活与工作，那就是我的人生。我不能因为别人的眼光、别人的需求和梦想影响我的选择。我在意的，只有我知道，我的人生，我的幸福，与别人无关。"我笑问道："是真的与别人无关吗?"他很认真地回答："是的，出国是我父亲的想法，读研是我同学的梦想，而我，我需要的是好的工作，稳定的、有经济收入的职业而已。当然，和我母亲有关的啊。"此时，我收起桌上的资料，告诉他，整个咨询全部结束。祝他工作顺利！

三、本案例的得失分析

得：

(1)在这次全程使用 GCDF 的方法过程中，发现非正式评估有着很大的作用，这是我平时工作中较少关注的；

(2)由于是认识的学生，配合很好，咨询较顺利；

(3)更多地关注学生的成长背景，是我以后工作中要注意的；

(4)严格遵守了职业道德和法律规范；咨询技巧的掌握，使咨询过程顺利。

失：

(1)对于来访者的成长背景的影响力没有更早的关注；

(2)在咨询的过程中，有自主地猜想来访者的原因。

四、案例的启发

(1)好的职业规划师，一定是要理论和实践能很好地结合；

(2)助人技巧是规划师与来访者沟通的桥梁；

(3)职业道德和法律规范是做好职业规划的保障。

五、GCDF 应用技能

在这个案例中，我成功地运用了 GCDF 的以下几项能力：职业发展理论与模型；助人技能；计算机技术；为多样化的人群提供服务；评估能力；求职与工作适应技能；劳动力市场信息(资源)；职业道德和法律规范。